Collection S. Fischer **Band 116**

Nadja Einzmann

Dies und das und das Porträts

S. Fischer

Typographie Farnschläder & Mahlstedt Typografie, Hamburg
Druck und Bindung Clausen & Bosse, Leck
Printed in Germany
ISBN-10: 3-10-017014-8
ISBN-13: 978-3-10-017014-9

– Beim Interviewen gibt es einen Moment, da ist es stärker als du. Du schreibst ein Interview nicht selbst, es wird mit dir gemacht.
– Das stimmt nicht: Du machst es.
– Du fragst. Aber daß du zum Fragen bereit bist, das wird mit dir angerichtet.

Hubert Fichte,
Der kleine Hauptbahnhof oder Lob des Strichs

Fortlaufen, fortfliegen

Lea

Sie war lange ein sehr wildes Kind, ungestüm, daran erinnert sie sich. Rangeleien mit dem Vater, die haben sie begeistert und auch den Vater: meine starke, wendige, wilde Tochter. Als sie dann allerdings sieben, acht und neun ist, als sie dann auch in der Schule wild und ungestüm ist, so dass die Lehrerin die Mutter herbeibestellt, herbeizitiert, ist der Vater nicht mehr so begeistert von seiner wilden Tochter. Auch nicht mehr dieses Tränenwegstreicheln, wenn sie nach einem ihrer Wutanfälle erschöpft in einer Ecke liegt, der Entzückungsbonus wie aufgebraucht. Immer dieses Hin und Her zwischen dem Vater, der Mutter, der Schwester. Geliebt werden, mal dort, mal da. Keinerlei Zuverlässigkeit. Immer Träume. Nachts diese Traumwelt mit dem immer gleichen Personal: die gute Mutter und die böse, die Vampirmutter, die gute Schwester und die böse, der gute und der böse Vater. Und erst zu erkennen die Vampirvarianten der Eltern, der Schwester, wenn die die Zähne bleckten – dann fortlaufen, fortfliegen. Manchmal reichte die Traumwelt bis in die wirkliche Welt hinein, dass sie es für möglich hielt, dass der Vater, die Schwester plötzlich Zähne bleckend ihr gefährlich werden könnten. Schläft sie oder nicht? – da war sie sich dann manchmal nicht sicher. Im Bett nachts besprach sie das mit der Schwester. Die Schwester hörte zu, fühlte mit und hätte doch in jedem Moment die Zähne zeigen können, das war immer möglich.

Der Rohbau des neuen Hauses, da sieht sie sich noch stehen, hinunterschauen, die Mutter neben ihr. Jetzt springen, denkt sie, da ist sie vier oder fünf, dann endlich geliebt werden, im Nachhinein, und dass um sie getrauert wird. Sie denkt ernsthaft darüber nach. Die Mutter ahnt nichts davon, keiner ahnt irgendetwas. Sie sehen sie ja immer nur aufgebracht wehrhaft, Wuttränen fließen, strömen ihr übers Gesicht, und die kindergroßen, ganz blauen Augen zu zornigen Schlitzen.

Keine Vernachlässigung sondergleichen, dass das nicht falsch verstanden wird, eine überaus zärtliche Mutter und liebevoll, beinahe liebeshungrig, dass sie die Kinder immer anfasste, angrabschte. Aber die Schwester wird vorgezogen, so kommt ihr das vor. Die ältere Schwester ist klüger, begabter im Basteln und Herstellen von Dingen, liebenswürdiger, so wird das von den Eltern gesehen, das denkt sie, als sie vier und fünf und zehn ist, dass das so gesehen wird, und sie gar nichts kann, da nicht mithalten kann, lange nicht so liebenswürdig ist, und begabt und klug auch nicht. Dann wird sie wütend, wenn sie darüber nachdenkt, ärgert die Schwester, piesackt sie, zwickt sie, bringt sie auf, bis die dann gemein wird. Immer sieht sie dann, wie die Mutter zur Schwester hält, wenn so ein Streit vorliegt. Ohne das Geringste zu wissen, hält die Mutter zur Schwester, hat aber gar nichts gesehen. Begütigend sagt sie zu der: lass sie, geh einfach fort, wenn sie so ist. Das kränkt natürlich. Und dass die Schwester von der Schule nach Hause kommt und erzählt, und die Eltern am Mittagstisch mit weit offenen Ohren und Herzen. Und sie selbst sitzt da und hat nichts zu erzählen, sie wüsste nicht was. Sie wüsste nicht, wie sich diese Aufmerksamkeit verdienen. Und immer ist die Schwester vier Jahre älter, darf mehr. Sie selbst will auch alles dürfen, es geht ihr da ums Prinzip, genauso viel wie die Schwester, und auch alles können. Das gelingt ihr natürlich nicht. Also versteckt sie, zerstört sie, was der Schwester gelungen ist, Malwerke, Bastelwerke und den Buchgutschein zur Zeugnisbelobigung, bis der nicht mehr gültig ist.

Der Freund hat es schwer. Sie ist lässig in Freundschaften, sie kann da viel verzeihen, da ist sie nie unsicher oder schüchtern oder bedürftig. Sie wird mehr angerufen, eingeladen, als sie anruft und einlädt. Von den nächsten Menschen fühlt sie sich aber immer enttäuscht, da muss sie behandelt werden wie ein rohes Ei, das muss einfach sein, da darf sich nichts erlaubt werden. Ihr Freund wandert auf Zehenspitzen durch die Beziehung, das ist auch gut so. Seit einem Jahr zum Beispiel Marleen: klein, weiß, ein Fellwölkchen, verkuschelt, verschmust. Rennt immer hin und her zwischen ihnen beiden, kann sich nicht entscheiden, ist am Abend manchmal völlig erschöpft von all dem hin und her Gerenne, sieht sie am liebsten beide auf dem Sofa, dass sie zwischen ihnen zu liegen kommen kann, die Schnauze auf dem Schoß des einen, des anderen. Aber sie ist nicht entzückt, nicht zuallererst. Sie ist eifersüchtig, spürt, wie es in ihr aufsteigt, aufwallt, aufquillt. Der Freund streichelt Marleen, das Fellwölkchen, und sie hat das Nachsehen. Sie beobachtet alles genau, sie kann nicht anders. Sie schätzt die Minuten, überschlägt die Zeit. Hat er Marleen bis zum Abend häufiger gestreichelt als sie? Stellt sie so etwas fest, ist sie verstimmt, schmollt dann. Wie der Freund es aushält mit ihr, das weiß sie manchmal selbst nicht, alles führt immer gleich in die Verstimmung. Sie schmollt und will sich zusammenreißen, sie beobachtet sich dabei, schmollt am Ende dann aber doch. Es ist ja auch Traurigkeit, die lässt sich nicht aufhalten. Es ist eine verzweifelte, wütende Traurigkeit, die muss sie sich einfach anmerken lassen, das geht gar nicht anders – oft, meistens geht das nicht anders, immer noch nicht. Sie bedauert das sehr.

Foucault und Nietzsche hat es nie gegeben in ihrem Ort

Birgit

Jetzt ist es so, jetzt ist es tatsächlich passiert, und sie ist erwachsen und weit weg von alldem. So ein kleiner Ort im Mühlviertel, da kommt sie her. Sehr still ist es dort, viele Hügel und Fichtenwälder und so nah an der tschechischen Grenze, dass es dort noch stiller war als irgendwo sonst in Österreich. Kaum ein Auto ist dort jemals von einem weit entfernten Ort zu einem anderen weit entfernten Ort gefahren, da ist sie sicher. Keiner fuhr in ihrer Kindheit je irgendwohin. Auch hat in ihrer Kindheit keiner je irgendetwas gelesen. In ihrem Ort hat es nie wen gegeben, der Foucault gelesen hat oder Nietzsche, Foucault und Nietzsche hat es nie gegeben in ihrem Ort. Also ist sie von einigem Misstrauen umgeben gewesen, als sie ein Kind und Teenager war. Dass sie gelesen hat und später auch Philosophen, dass sie sich für Literatur und auch Weltliteratur interessiert hat, und überhaupt für allerlei über das Mühlviertel hinaus, all das hat sie dort nicht wirklich beliebt gemacht. Kind, lies nicht so viel, hat ihre Mutter ihr immer gesagt, zu viel davon ist schädlich für Geist und Gesundheit. Lesen, zu viel davon, vielleicht hatte ihre Mutter sogar Recht.

Immer hatten alle gedacht, sie würde einmal Professorin werden, Professorin für irgendetwas. Ein Kind, das früh schon so viel liest, auch Philosophen, ein Kind, das stunden-, tagelang allein durch den Wald wandert und denkt, das muss ja irgendwann einfach Professorin werden. Nie hätte irgendwer vermutet, dass sie einmal Gefühle zeigen zu ihrem Beruf machen würde, so schüchtern war sie, als sie ein Kind war, und so bedacht, vorsichtig, verhalten, als Teenager. Nie hätte sie vermutet, dass sie, die aus dem Mühlviertel und einer Familie stammt, in der Gefühle zeigen nicht sehr beliebt war, Gefühle zeigen schließlich zu ihrem Beruf machen würde. Mit all dem ist sie wirklich nicht aufgewachsen. Nichts von alldem war erlaubt, als sie ein Kind war. Trotzen, trotzig schweigen, ja, das gerade noch, herumschreien, streiten, das nicht. Und jetzt, jetzt ist sie aus dieser Familie heraus, in der tagelang, wochenlang geschwiegen wurde, Schauspielerin geworden. Nach all dem Lesen und Herumliegen zu Hause, hat sie so etwas vielleicht einfach tun und erlernen müssen. Spielen ist ihr heute das Schönste überhaupt. Spielen ist aus dem Haus gehen. Spielen ist, die Muskeln nicht einfach so herumliegen lassen. Spielen ist: aus ihrem Leben heraus in ein anderes schlüpfen, auch das. Spielen ist ihr wirklich das Schönste überhaupt.

Nicht ganz ohne Anstrengung

Andreas

Als er zwölf war, hat er sich zu einem Pianistendasein entschlossen. Der Vater Schreiner und aus dem Bayrischen Wald wie auch die Mutter. Beide aus dieser Gegend und Landschaft, der ein Weniges an Nahrung abzutrotzen, über Jahrhunderte das Hauptinteresse ihrer Bewohner war. Und als er zwölf war, hat er sich aus dieser Gegend und Landschaft heraus entschlossen, ein Pianistendasein anzustreben, hat Stunden um Stunden gespielt, gleich nach der Schule, Beethoven, Chopin hinauf- und hinuntergespielt.

Jetzt ist er tatsächlich Pianist geworden, und es ist natürlich trotzdem keine ganz und gar glückliche Geschichte. Zu betreiben, was man immer schon hatte betreiben wollen, ist schließlich noch keine Garantie für irgendetwas. Er hätte zum Beispiel auch berühmter werden können. Wirklich berühmt ist er ja nun leider nicht. Er gibt Konzerte da und dort in der Welt und spielt CDs ein. Aber hinsichtlich Berühmtheit heißt das ja noch nichts. Einen großen Namen hat er nicht. Dazu war er vielleicht auch nie begabt genug, ein Wunderkind war er ja nicht. Er war eben nur einigermaßen sehr begabt und leidenschaftlich dabei, könnte man sagen. Vielleicht fehlt ihm da auch etwas, das Eigene vielleicht, der ganz eigene Ansatz, schon in der Auswahl der Stücke. Vielleicht ist er dazu auch nicht stürmisch genug. Er setzt sich lieber dem aus, was der Komponist in so ein Stück hineingelegt hat. Es ist ja eine Kommunikation über die Jahrhunderte hinweg. Und wenn ihm das gelingt, ist er zufrieden genug. Zum Beispiel diese Klaviersonate, die ihm immer traurig und bedrückend erschienen war. Immer hatte er versucht, der spielend etwas abzugewinnen, da einen Zauber hineinzulegen, eine Frische und Lebendigkeit, aber lange Zeit ist ihm nichts davon geglückt, bis er verstanden hat, dass genau das das Stück ausmacht, diese Öde und Trostlosigkeit, und dass es so auch zu spielen ist, öd und trostlos. Nur so kann es ja schließlich gelingen, dieses kleine Thema herauszustellen, dass es sich plötzlich erhebt, wie eine Hoffnung sich aufschwingt und dann verklingt und alles öde wie vormals zurücklässt. So etwas zu entdecken, diesem Stück die Finger zu leihen, das ist schon etwas.

Berühmt geworden ist er also nicht, wie es ihm damals vorgeschwebt hatte, als er zwölf war, mit Pollini als seinem großen Vorbild. Auch zum Professor hat er es noch nicht gebracht. Und es geht tatsächlich nicht ganz ohne Anstrengung, sich da nicht hineinzusteigern und zu verbittern. Schließlich wird er immer gefragt. Ah, Professor bist du noch nicht? Warum eigentlich nicht? So ist es ja leider, Mittelmaß, Mittelstand in der Kunst ist einfach nicht sehr geachtet. Immer gilt es, höher hinaus zu wollen, höher hinaus zu gelangen. Aber eine Familie ernähren mit dem, was er tut, das kann er sehr gut. Dieser Teil der Geschichte ist also geglückt. Da ist er sehr froh.

Dann seine Ehe, auch das lässt sich ja so und so erzählen. Dass sie sich damals gefunden haben, da war er neunzehn, sie seine erste Freundin, und dass sie jetzt nach diesen zwanzig Jahren immer noch ausnehmend glücklich sind. Wie füreinander bestimmt, so könnte man sagen. Aber auch das haben sie nicht ohne Anstrengung erreicht, auch so etwas kostet ja Energie.

Zuerst hat er die Energie investiert, die ersten Jahre hat er gearbeitet und sich angestrengt. Sie damals die Prinzessin, die leicht zu verstören, zu kränken gewesen war. Immer war er trotz seiner Anstrengungen in seinen Liebenswürdigkeiten und Liebesdiensten um vieles hinter ihrer Schönheit zurückgeblieben. Eine Frau, so begehrt und umschwärmt, wie sie es damals in der Musikhochschule gewesen war, konnte von dem, den sie dann erhörte, allerhand und noch viel mehr erwarten, so sah sie das. Und also hatte er sich dem gebeugt und einige Monate, Jahre möchte er sagen, auf Knien zugebracht. Manchmal ergibt sich so etwas ja. Da fängt eine Beziehung an mit so etwas, der eine ist hochmütiger, mehr Prinzessin als der andere und kann schon deshalb mehr erwarten und verlangen, und so geht das dann einige Zeit.

Diese dünne Schicht Übermut, so ein Hauch von Zuckerreif, ganz wenig ist es nur gewesen, ganz wenig hat ihn letztlich von ihr getrennt. Aber sie haben beide lange gebraucht, das so zu sehen. Er hat lange gebraucht. Und also waren die ersten Jahre ihrer Beziehung die Jahre seiner Anstrengungen, seines heftigen Bemühens.

Dann haben irgendwann die Jahre ihrer Anstrengungen begonnen. Sie waren damals schon verheiratet, zwei kleine Kinder, da hat er sich auf einer Konzertreise nach Japan in eine Japanerin verliebt. Ganz anders als seine Frau, sehr sanft, ihm ergeben. Eine wirkliche Obsession war das von beiden Seiten. Als einzige Tochter sehr reicher Eltern ist sie ihm zu vielen seiner Konzerte nachgereist, so dass sie zusammen immer wieder einige Tage in Frankreich hatten, in Belgien, in den Niederlanden. Und seine Frau wusste davon, hat es geahnt, er hat sich nicht die Mühe gemacht, irgendetwas zu verbergen. Natürlich hat sich dann sehr bald alles aufs Furchtbarste zugespitzt, wie es ja immer geht. Wirklich leicht ist so etwas ja nie. Und da hat seine Frau dann tatsächlich um ihn zu kämpfen begonnen. Eine wirklich schreckliche Zeit damals, sie haben alle furchtbar gelitten. Aber so sieht er seine Frau heute noch, in diesem strahlenden, kämpferischen Licht. Das macht sie beide heute immer noch aus, zum Beispiel das, diese Zeit, das glaubt er.

Als sie neun oder zehn ist, fügt sie dem Fahrrad der Schwester einen Kratzer zu, einen Kratzer an einer schwer einsehbaren Stelle. Dass es von nun an eine heimliche Beschädigung aufweist, das Fahrrad, darauf kommt es ihr an. Frisch aus dem Laden, beide Fahrräder, ihres und das der Schwester. Aber nur ihres ist wahrhaft unverwundet, unangegriffen, unangekratzt, strahlend neu und glänzend.

So weit das Auge reicht

Julia

Sie ist sehr zart, auf eine zarte Art knochig, könnte man sagen, und groß, die Haare glatt, blaue Augen, leuchtend, aus einem mädchenhaft herben Gesicht. So eine verdammt unruhige, empfindliche Haut, sagt sie. Sie spricht schnell, schön, in ganzen, abgeschlossenen Sätzen, sehr selbstsicher, sie hört sich beim Sprechen gern zu.

Einen Mann hat sie und eine Tochter, einen wunderbaren Mann, eine wunderbare Tochter. Sie lebt im Westend in Frankfurt in einer kleinen, schönen Wohnung. Sie hat einen Job, sie arbeitet im IT-Bereich, im Krisenmanagement eines großen Transportunternehmens.

Vielleicht hätte sie früher ein solches Leben nicht glücklich gemacht, aber jetzt tut es das, sehr sogar. Sie wird immer glücklicher, je älter sie wird. Glück ist letztlich erlernbar. Sie hat zu allem eine Theorie, wie die Blätter fallen in welchem Wind etwa, und wann der Kaffee wie zu kochen ist, darüber kann ihr Mann dann spotten, zärtlich. Aber es hilft ihr, sich so eine Sicherheit aufzubauen, das macht auch glücklich, zu wissen, wann was Not tut und wie etwas wieder zu richten ist. Ihrer Tochter eine gute Mutter zu sein, nicht zu viel von ihr zu verlangen, zum Beispiel das. Ihre Tochter ist zwölf, gerade in die Pubertät gekommen, da ist manches nicht leicht. Aber das schreckt sie nicht. Sie hat das erwartet und weiß also damit umzugehen, sie ist vorbereitet. Sie ist nicht verletzt, wenn ihre Tochter mit Türen knallt, herumbrüllt, das gilt ja nicht ihr. Ihr Mann ist da anders, der hat dem allerhand entgegenzusetzen. Sie nicht. Davon hat schließlich niemand etwas. Ihre Tochter soll wissen, dass sie wen hat, dass sich da wer bemüht, sie zu verstehen, und das tut sie.

Sie ist da anders als ihre eigene Mutter, die hat sich nie bemüht, sie zu verstehen. Aber natürlich ist trotzdem etwas aus ihr geworden, wie man sieht, oder nicht? In ihrem Alter ist ja letztlich auch jeder alt genug, die Kindheitsverletzungen nicht mehr hinter sich herzuschleppen wie Häftlingskugeln. Sie zum Beispiel tut das längst nicht mehr, wenn sie es überhaupt je getan hat. Na gut, vielleicht, dass sie sich ihres Mannes am Anfang nie sicher war, dass er sie nie genug lieben konnte, das hatte bestimmt irgendetwas mit irgendetwas zu tun. So ist es ja immer. Etwas weniger Liebe, Verehrung und Anteilnahme an einem Tag hat sie sofort bemerkt und geahndet. Sie hat ihm die heftigsten Vorwürfe gemacht, und er hat seine Unschuld beteuert. Das konnte lange so hin und her gehen. Und heute noch, muss sie zugeben, ist sie eine schreckliche Kranke. Wenn sie krank ist, will sie, dass wer an ihrem Bett sitzt, sie will Hühnersuppen, Gemüsesuppen, Tee und dass ihr wer die Bettdecke ausklopft. Sie will das, sie wünscht sich das, sie braucht das. Aber dazu ist ihr Mann leider nicht bereit, da weigert er sich. Liebe beteuern, verehren, das ja, ihr die Decke ausklopfen, Tee ans Bett bringen, das nicht. Damit muss sie sich wohl abfinden. Und es könnte wirklich in ihrer Kindheit dafür der Grund gelegt worden sein, und dass ihre Mutter nie an ihrem Bett gesessen hat, wenn sie krank war. Auch die vielen Male, die sie im Krankenhaus gelegen hatte, auch da hat sich ihre Mutter nie eingefunden. Ihre Tochter im Krankenhaus, das war ihr ganz egal. Der Vater ja, aber der hat damals ja auch dort gearbeitet, als Ausbilder des Pflegepersonals, und ist also vier-, fünfmal am Tag vorbeigekommen, immer nur sehr kurz, stand höflich herum und ging dann wieder. Das ist nun wirklich etwas, das sich als so eine kleine Kindheitsnarbe beschreiben ließe, dass ihre Mutter im Krankenhaus nie an ihrem Bett gesessen hat.

Aber letztlich muss sie sagen, obwohl ihre Kindheit wirklich nicht vom Feinsten war: mit zehn schon ins Internat geschickt, in eine streng katholische Mädchenschule, und zu Hause wirklich niemand, der sie vermisste; obwohl ihre Kindheit also wirklich nicht vom Feinsten war, ist sie auf dem Weg durch diese Kindheit zu dem geworden, was sie heute ist. Und damit ist sie ja nun sehr zufrieden, wie schon gesagt. Sie mag ihre Eltern heute sogar. Ihren Vater mehr, der war nun auch weitaus zärtlicher, anteilnehmender, leider auch ungeschickter. Wo nichts versucht wird, kann ja auch keine Ungeschicklichkeit passieren. Dem Vater dagegen ist schon die eine oder andere Ungeschicklichkeit passiert. Ein gutes Händchen in der Kindererziehung hat er wirklich nicht bewiesen. Sehr moralisch wünschte er sich seine Kinder und auch sonst sehr beherrscht. Sich im Griff zu behalten, nie außer Kontrolle zu geraten, das ist ihnen immer bedeutet worden, als sie Kinder waren. Vielleicht lag es ja auch nur daran, dass dieser an Moral und Selbstbeherrschung sehr interessierte Mann an eine an derlei so gar nicht interessierte Frau geraten war. Dass er also die fehlende Beherrschung seiner Frau durch besondere Beherrschtheit der restlichen Familie auszugleichen suchte. Vielleicht hat er ja wirklich nur versucht, die Beherrschtheitsbilanz seiner Familie so ausgeglichen wie möglich zu halten. Denn dass sie beherrscht gewesen wäre, die Mutter, das kann man nun wirklich nicht sagen, und sie hat ihren Mann damit in die größte Verzweiflung gestürzt. Dass er zum Beispiel arbeiten und arbeiten musste, und es seiner Frau nie genug war. Nie hat ihr das Geld gereicht. Immer hatte sie das Geld ausgegeben, noch bevor es verdient war. So hat sie den Vater schließlich auch um seinen Job als Schreiner gebracht, in dem er lange freiberuflich tätig gewesen war. Sehr erfolgreich war er da tätig gewesen und hatte Prototypen für große

Möbelhäuser hergestellt. Aber nun hatte sich die Mutter in ihrem Kaufbedürfnis – es war ihr vor allem an teuren Kleidern, teurem Schmuck gelegen gewesen – wieder einmal nicht beherrschen können und sich hinter seinem Rücken an sein Konto herangemacht, auch die Bücher gefälscht, lange ging das so. Und also hat der Vater Geld einzutreiben versucht, seine Honorare von seinen Auftraggebern, Honorare, die er längst erhalten hatte. Das hat dem Vater schließlich das geschäftliche Rückgrat gebrochen, ihm sein geschäftliches Ansehen gekostet und damit auch diesen Job. So eine Mutter also. Und als es endlich herausgekommen war, nicht mehr zu verbergen gewesen war, hat sie Tabletten genommen und Abschiedsbriefe geschrieben. Die Mutter schon im Krankenhaus, ist sie damals aus der Schule gekommen, da war sie acht oder neun und findet diese Abschiedsbriefe vor. Dabei, sterben hatte die Mutter ja gar nicht wollen, nie hat sie so viele Tabletten genommen, dass sie daran hätte sterben können, zu sterben wäre der Mutter im Gegenteil gar nicht recht gewesen. Sie lebte ja gerne. Aber so ein Selbstmordversuch, damit hat sie immer Eindruck machen können bei ihrem Mann, bei ihren Kindern.

Vermutlich ist nichts, was die Mutter je tat, wirklich aus bösem Willen geschehen. Wirklich böswillig war die Mutter ja nicht, nur leichtsinnig, rücksichtslos, gedankenlos. Keinen Gedanken für irgendwen, gedacht hat sie immer nur an sich selbst. Jetzt, da ihr Mann Krebs hat, Hautkrebs, Lymphknotenkrebs, Blutkrebs, ist das wieder gut zu sehen. Die Ärzte haben ihm eine Diät verordnet, Schonkost. Die Mutter aber weigert sich, aus so einem Grund anders und der Krankheit ihres Mannes angepasst zu kochen. Ach was, Ärzte, sagt sie, und zieht die Augenbrauen hoch. Es ist ihr ganz egal, ob sich der Krebs weiter in ihren Mann hineinfrisst oder nicht, sie denkt darüber einfach nicht nach. Dass sie sich nicht ändern muss, keinen Schritt weit, gar nicht, das ist ihr einfach das Wichtigste, und noch nicht einmal der Krebs ihres Mannes ist ihr da eine solche Veränderung wert.

Sie weiß also sehr gut, von was sie redet, wenn sie von Kindheitskümmernissen redet. Und sie weiß also auch, von was sie redet, wenn sie Kindheit ganz allgemein keine so bedeutende Rolle beimisst. Kindheit ist Kindheit, und nichts, was danach kommt, muss von ihr irgendwie behindert sein. Jeder Mensch hat die größten Freiheiten, in alle Richtungen, so weit das Auge reicht. Und sie hat sich aus all dem eine Familie gewählt. Sie hat einen wunderbaren Mann, eine wunderbare Tochter, wohnt im Westend in einer kleinen, schönen Wohnung. Und arbeitet im IT-Bereich. Wirklich kein Traumberuf, ein erfüllender Beruf ist das nicht. Aber sie ist glücklich, mit all dem ist sie sehr glücklich.

Seine vielleicht erste Erinnerung, dass er unter dem Weihnachtsbaum liegt und sich in einer roten Weihnachtskugel spiegelt. – Als er sich im folgenden Jahr wieder so gespiegelt vorfindet, denkt er zurück und weiß auf einmal, dass Zeit vergangen ist, dass Zeit vergeht.

Die tiefe Gefühlsstille und Unversehrtheit

Thomas

1 Früher war die Musik seine Zuflucht, das Klavierspielen, das Orgelspielen. Sphärenklänge, so etwa, Harmonie und Ordnung. So war sein Leben im Ganzen ja nicht. Die ganze Familie auf- und durchgerührt durch die Krankheit der Schwester, die zwei Jahre älter war als er. Wenn so ein seelisches Ausrasten eines Mädchens von vierzehn in eine Familie einfällt, bringt das natürlich alles durcheinander. Schuldzuweisungen, wo man ging und stand. Er, der Vertraute der Schwester, das mittlere Kind und neigte zu so etwas, sich in die Schlacht führen zu lassen für den einen, den anderen, vieles mit auszuhalten. Die Musik für ihn ganz alleine. Auch wenn er im evangelischen Gottesdienst spielte, die Musik nur für ihn. Kein falsches Pathos, nie, dass er ein Register zog, nur um der Effekte willen – die Gemeinde will ja verwöhnt sein durch so eine Musik, angefasst, hatte ihm sein Orgellehrer immer gesagt. Er aber hat lieber so gespielt, wie es vorgesehen war, ganz dem Stück nach, die Schönheit der Einfachheit, Reinheit.

Irgendwann hat er die Musik dann aufgegeben, zu Gunsten des Glaubens. Der Vater übergetreten zum Katholizismus, als der Sohn achtzehn war. Diese Entschiedenheit, das hat ihn beeindruckt, der Katholizismus überhaupt. Die Größe, auch Übermenschlichkeit, die da herausschaute, die tiefe Gefühlsstille und Unversehrtheit.

So ist es dann irgendwann dazu gekommen, dass er sich entschlossen hat, Pfarrer zu werden, mit zweiundzwanzig ins Priesterseminar, sein Leben in den Dienst des Glaubens stellen, des katholischen Glaubens, der für ihn heute der einzige ist. Glaubensmagie. Da gibt es Weihwasser und geweihte Kerzen, Engel und Heilige, Dämonen und Luzifer. All das ist weit ab von allem Alltäglichen, sehr weit ab. Aber es harmoniert, findet er, knistert verheißungsvoll durch seinen Alltag. Damit lebt er jetzt, darf damit leben.

Heute hört er kaum noch Platten oder CDs. Am Klavier, an der Orgel sitzt er gar nicht mehr. In ihm spielt die Musik aber weiter, verlassen hat sie ihn nie. Es ist schwer zu beschreiben, kaum einer versteht das, dass er sich Dinge so erzählt, musikalisch. Er hört immer auch, was er erlebt, auch Charaktere. Er hört am Abend im Bett einem Gespräch nach als Tonfolge, lauter und leiser, zärtlich, kokett, eine Fuge, ein Präludium. So stützt er nicht selten seine Erinnerung. Wie andere Farben sehen, Bilder, die einer Situation entsprechen, hört er Klangfolgen.

All das hält ihn, die Musik im Innern, die Engel und Heiligen. Es ist da dieser Glaubenspfad, den er entlangeilt. Da immer weiter vorzurücken, heranzureichen, Jesus nahe zu kommen, Maria, das ist ihm von nun an aufgeben.

Er ist ja ein großer Marienverehrer, ohne sie kein Gottessohn in der Welt. Gott hat angefragt, und sie hat sich aufgemacht. So möchte er auch werden, Jesus empfangen, sich ihm ganz öffnen. Natürlich ist er auch nur ein Mensch. Das merkt er immer. Er wird da nie heranreichen. Es ist wie in der Musik, beim Klavierspielen. Üben, üben, üben. Sich dem Ideal, das in der Partitur aufscheint, aufleuchtet, anzunähern, immer näher, so nah es geht, darum geht es. Der Glaube ist da wie die Musik, beides schön, beides rein, Bach zum Beispiel, und anzustreben ist diese übermenschliche Harmonie, sich da ganz hineinzugeben.

2 Er ist auch wieder nicht so, wie viele denken, zu gut, um wahr zu sein, ein sich Verströmender, sich Ausgebender. Es passiert natürlich auch ihm immer wieder, dass er wie alle ist, auf seinen Vorteil bedacht. Über die Jahre hat er gelernt sich abzugrenzen, sich abzuschirmen. Anders lässt sich so eine Aufgabe gar nicht bewältigen. Und wer ihn angreift, wird sich wundern. Der trifft nicht auf ein Lamm, ein zahmes Gotteskind. Er ist es gewöhnt, so vielem immer wieder etwas entgegensetzen zu müssen. Priester, was ist das schon in den Augen der Welt? Ein Spleen,

eine Verrücktheit. Immer wieder muss er verteidigen, was er glaubt. Immer wieder rund um die Sexualität zum Beispiel, das ist ein gerne beschrittener Gesprächspfad. Was er dazu zu sagen hat, spricht sich mittlerweile schon wie von selbst. Ein Priester und Sexualität, das reizt einfach, da fallen seinen Gesprächspartnern die Fragen oft nur so aus dem Mund. Also noch einmal: Nicht sündhaft ist, was im Dienste der Fortpflanzung steht und ins Sakrament der Ehe gebettet ist. Verhütung aber ist sündhaft, Homosexualität auch, Selbstbefriedung. Er zum Beispiel hält sich da wirklich zurück. Das ist natürlich auch eine Arbeit, eine, die er für Gott tut. Das heißt dann ja nicht, dass so etwas nie vorkommen darf in einem Menschenleben, Menschen sind eifrige Sünder, das weiß Gott auch und verzeiht, wenn er darum gebeten wird. Sich zurückzuhalten und sich nicht in alles hineinzugeben, sollte aber trotzdem erstes Gebot sein. So sieht er das und Gott auch und natürlich die Kirche, die ihm da den Rücken stärkt.

Manchmal sagt ihm seine Schwester, dass er es dabei ja nicht bewenden lassen darf. Keinen Sex haben, das reicht ja nicht. Von einem Pfarrer sei noch einiges mehr verlangt, Sanftmut zum Beispiel, Liebenswürdigkeit. Er hingegen ist immer noch das Bruderschwein, das er auch schon in ihrer Kindheit war. Er setzt sich immer noch durch, ist manchmal ausgesprochen rücksichtslos, gerade in der Familie. So sagt sie ihm das dann.

Er weiß nicht, ob ein Pfarrer all das wirklich erfüllen kann, ob er ganz und gar selbstlos sein kann, ganz und gar rücksichtsvoll. Er ist ja auch nur ein Mensch, er ist ja nicht Jesus. Er strebt es natürlich an, rücksichtsvoller zu werden, sanftmütiger. Aber das ist nicht das Wichtigste. Die Versenkung ins Gebet, darauf kommt es ihm an und auf das Wunder der Messe. Auf diesen Wegen kommt er Jesu nahe, Gott, Maria. Er fühlt sich geführt und über die nächsten Jahrzehnte moralisch geleitet. Er kann sich da ganz hineinfallen lassen. Es wird sich also mit Sicherheit noch einiges ergeben in den nächsten Jahren hinsichtlich Sanftheit und Selbstlosigkeit, sagt er seiner Schwester. Sanftheit und Selbstlosigkeit als ein Abfallprodukt des Gebets, der Versenkung. Er sieht sich da auf dem besten Wege.

Seit sie Theater spielt, fast täglich in einem Stück, manchmal in zweien, dazu noch die vielen Proben, wird ständig etwas durcheinander gewirbelt in ihr. So fest, so unbeeinflussbar ist sie gar nicht, wie sie immer geglaubt hat. Das hat sie längst bemerken müssen. Es ist wie in einer Freundschaft, so muss man sich das vorstellen, in der ja auch immer eine gegenseitige Beeinflussung geschieht. Turnt die eine zum Beispiel gerade in der Kindheit herum, bewältigt da etwas, ärgert sich herum mit den Eltern ihrer Vergangenheit, springt in dem gemeinsamen Gespräch immer etwas über. Schon beginnt auch die Freundin mit ihrem Vater zu hadern, der Mutter, sie anzuklagen. Ähnliches bemerkt sie, wenn sie sich in eine Rolle hineinarbeitet. Da spielt sie zum Beispiel die mädchenhaft junge Frau, wie sie in den klassischen Stücken immer wieder vorkommt, so eine naive, fast leer zu nennende junge Frau. Und schon führt sie sich auch in ihrer Freizeit so auf, als hätte sie nichts zu sagen. Oder es wird von Liebesleid gehandelt in einem Stück. Die sie spielt ist in Zweifeln, ob sich dieses Leben, so seicht wie es gerade dahingleitet, überhaupt lohnt, und beginnt einer Tiefe der Liebe nachzutrauern, wie sie sie nur ein einziges Mal erlebt hat – ein solches

Stück also. Parallel dazu beginnt dann auch sie zu trauern, fühlt sich von Sehnsucht nach einer großen, tiefen, unbeirrbaren Liebe wie weggerissen, zweifelt, ob die Beziehung, die sie gerade führt, eine seicht dahinplätschernde Samstagabend-, Samstagnachtbeziehung – so kommt ihr das dann vor – wirklich das Richtige für sie ist. Oder ob sie sich nicht vielmehr verschwendet an das hier, an den hier, ihr Leben geradezu wegwirft. Das passiert dann, das ist tatsächlich so, und also muss sie mit Vorsicht an all ihre Gefühle herangehen, das nimmt sie sich immer wieder vor.

Gehen, Sitzen, Stehen

Sara

Also tanzt sie, weil ihre Schwestern tanzen, damit hat alles angefangen, dass sie den Mann gibt für die Schwestern, die etwas älter sind als sie, und sie ins Tanzen hinreden, sie zu Hause so herumschwenken, dass sie von ihnen früh schon sehr viel lernt, schon einen reichlichen Vorsprung hat, als sie dann selbst ihre ersten Kurse nimmt. Als sie fünfzehn und sechzehn ist, tanzt sie sich so aus sich heraus. Kaum ein Abend in der Woche, an dem sie nicht in die Tanzschule geht: Sie trainiert für die Formation oder trifft sich da oder lungert nur so herum. Tanzen ist leichter als alles, was sie vorher gemacht hat. Nie war sie besonders sportlich, da war ihr alles immer eine erhebliche Anstrengung. Sich über den Kasten hieven oder Weitsprung oder Kugelstoßen, die sandige Kugel vom Boden aufnehmen und dann ein paar Meter weit. Wozu? Und für die Ballsportarten immer zu schüchtern. Kein immenses Bewegungstalent, so würde sie sich nicht beschreiben. Es lernt sich nur leichter, wenn so eine Leidenschaft dabei ist, so eine Unbedingtheit.

Lernen, üben, arbeiten, so ist sie damals vorangekommen. Dann der Entschluss, Tanzlehrerin zu werden. Nicht nur ein Beruf, vielmehr eine Herzensangelegenheit. Die harte, dazu noch teure Ausbildung, und viel lässt sich in diesem Beruf nicht verdienen. Und schon mit dreißig ist es fast unmöglich, sich noch einmal neu zu bewerben und vorzustellen. Wer über dreißig ist, ist alt.

Das ist ihr jetzt ja erspart geblieben, tanzend alt werden, wird sie wohl nicht mehr. Vor einem Jahr der Unfall, und jetzt sitzt ihr der Kopf nicht mehr recht auf dem Rumpf, der oberste Wirbel, der Atlas sitzt schief, dass beinahe jede Bewegung sie in einen Schwindel führt, in Kopfschmerzen hinein, dass beinahe alles sie beschädigt und anstrengt, das Gehen, das Sitzen, das Stehen, jedes lange Konzentrieren, jedes lange Lesen und Zuhören. All das schwindelt und schwächt sie heute. Sie wird sich daran gewöhnen müssen. Wie sie sich auch an ihre beruflichen Aussichten wird gewöhnen müssen. Noch sieht sie nicht den Beruf, in dem sie auf all das, auf längeres Gehen, Sitzen, Stehen, auf längeres Lesen und Konzentrieren einfach verzichten kann.

Aber erst einmal hat sie ja zu tun, Ärzte aufsuchen, damit füllt sie ihre Zeit. Und fährt durch ganz Deutschland von einer Diagnose zur nächsten. Zuerst wurde abgewinkt, ein einfaches Schleudertrauma – wird doch lange verheilt sein. Vielleicht einmal einen Therapeuten aufsuchen? Wie auch die Freunde, die Familie ihr anfangs ihre Kopfschmerzen auszureden suchten: Stress, Überlastung. Einfach weiter den Kopf drehen, auch wenn der schmerzt, einfach weiter Tanzen, auch wenn das in einen Schwindel führt, dass sie das eine ganze Zeit tatsächlich auch so versucht hat, sich wirklich bemüht und angestrengt hat. Die Kopfschmerzen, der Schwindel nur so ein kleines Seelending. Auch sie hat sich da irgendwann schon fast nicht mehr geglaubt. Dann endlich die Diagnose, so unerfreulich wie erleichternd. Jetzt endlich krank sein dürfen, jetzt endlich eine Heilung vorantreiben, an einer Besserung arbeiten dürfen. Jetzt endlich von Arzt zu Arzt durch ganz Deutschland fahren und sich mit Wirbelangelegenheiten befassen, mit dem Gleichgewichtsorgan und Nervensträngen. Endlich eine Krankheitsursache vorzeigen können. Und nicht weiter die eigene Seele auf Unstimmigkeiten und Kleinlichkeiten durchforschen müssen, sie fortwährend besänftigend und beobachtend.

Sein Knopfwiderwille zum Beispiel. Auch wenn er den recht gut unter dem Deckel halten kann, sich sehr gut zusammennehmen kann, seit er älter geworden ist, kein Kind mehr ist. Anfassen ungern. Aber ansehen, das gelingt recht gut. Gesprächspartner haben da nichts zu befürchten mit einem Knopf am Jackett oder ähnlichem. Auch Hemdknöpfe sind heute kaum noch eine Herausforderung für ihn. An diese kleinen perlmuttenen Hemdknöpfe hat er sich mittlerweile schon fast gewöhnt. Seine Freundin, das war eine erhebliche Entdeckung für ihn, für sie beide, als sie einander zu sagen begannen, dass ihnen Knöpfe widerlich sind, beiden gleichermaßen, diese glatten Rundungen, einfach widerlich. Auch Bonbons übrigens. Auch an Bonbons hat er sich lange gewöhnen müssen. Das war nicht leicht.

Da ließe sich natürlich sparen

Stefan

Dieses Hin und Her stört ihn gar nicht, dass er die Woche über alleine in Frankfurt lebt, da arbeitet, und am Wochenende nach Hause fährt zur Familie. Er arbeitet ja gerne. Viele verstehen das nicht. Gerne arbeiten! Er aber kann tatsächlich von sich sagen, dass er die Woche über zehn, zwölf Stunden am Tag arbeitet und das immer noch und immer wieder gerne tut. Nach diesen neun Jahren im Beruf und täglich oft zehn, zwölf, vierzehn Stunden Arbeit, tut er das immer noch und immer wieder gerne.

Es stört ihn also nicht dieses Hin und Her, eher im Gegenteil. Wenn er in Frankfurt ist, kann er sich ganz der Arbeit widmen, muss keine Kraft zurücklegen, aufsparen für die Familie am Abend. Und wenn er dann am Wochenende nach Hause fährt, ist wirklich nichts mehr zu tun. Dann kann er ausspannen, aufdrehen. Noch nie ist es vorgekommen, dass er sich Arbeit mit nach Hause genommen hat. Wer sich Arbeit mit nach Hause nimmt, ist schlecht organisiert, von Souveränität zeugt das nicht. Wenn er zu Hause ist, arbeitet er nicht, dann steht er den Kindern zur Verfügung, der Frau, fährt Motorrad, ist lässig. In seiner Freizeit lässig zu sein, ist sehr wichtig, darauf achtet er. Es passiert nämlich nur zu leicht, dass so ein Beruf, wie er ihn hat, ausartet, das sieht er immer wieder bei Kollegen, die gar nicht mehr aufhören können, zu prüfen und zu prüfen. Die säßen dann hier zum Beispiel in der Kneipe und sähen den Kellner einen überflüssigen Gang tun. Schon ein, zwei Schritte zu viel, und sie würden es ins Gespräch bringen, den Kellner darauf hinweisen. Menschen zurechtbiegen, von oben herabschauen, das kann wirklich ausarten.

Natürlich ist ihm das auch schon passiert, dass er eine Ineffizienz in der Familie festgestellt hat. Seine Frau, zum Beispiel, die klagt, dass sie nie Zeit hat, immer eingespannt ist. Da horcht er natürlich auf. Ähnliches hört er ja immer, die ganze Woche über im Job. Die am lautesten behaupten, dass sie am Ende ihrer Kapazitäten seien – mehr ginge einfach nicht mehr –, dass sie wirklich alles bedacht hätten – gespart werden könne an keinem Ende mehr –, die sind die Ersten, die er ertappt bei einer Unnötigkeit, die er ertappt bei Rückzugs- und Pausepuffern, so auch seine Frau. Bei ihr ist es das Telefonieren, ihre vielen Freundinnen. Drei Anrufe über den Tag, der Abend nicht mitgezählt, sind Durchschnitt. Natürlich muss sie sich austauschen, er versteht das ja auch. Aber zwei Stunden über den Tag wären da schon zu sparen und zurückzulegen. Auch ihr Einkaufen ist nicht sehr effizient. Er selbst braucht dafür – er hat das geprüft, als er einmal eine Woche alleine zu Hause war mit den Kindern – zwanzig Minuten und geht nur einmal die Woche. Sie dagegen kauft zwei-, dreimal die Woche ein und nie unter einer Stunde, da ließe sich natürlich reichlich sparen. Aber das ist ihre Sache, da mischt er sich nicht ein. Auch bei seinen Söhnen mischt er sich nicht ein. Einen Vater zu haben, der Revisor ist, ist bestimmt kein reines Vergnügen, das muss ihm nicht erst gesagt werden, das weiß er selbst. Also hält er sich zurück, ertappt sich bei einer Rechthaberei und zieht sich zurück. Kürzlich hat der Sohn, der älteste, neun ist er gerade geworden, den Kopf auf den Tisch sinken lassen, nach einem Telefongespräch mit ihm, so dass seine Frau anschließend an den Apparat kam und fragte: Was hast du ihm bloß erzählt? Er hatte da gerade angekündigt, ihm bei seinem Aquarium zu helfen, seinem Geburtstagsgeschenk, hatte angekündigt, die neuen Fischchen mit aussuchen zu gehen, die Wasserpflanzen. Bei ihm kommt dann natürlich kein unnötiger Fisch ins Becken, er informiert sich dann, liest sich ein, das hat der Sohn wahrscheinlich befürchtet, das schönere, funktionstüchtigere Becken wird immer dem Vater gelingen. Nur ist es dann nicht mehr seines. Wenn er so etwas hört, dass ihm so etwas wieder einmal unterlaufen ist, macht ihn das traurig. Er will das ja nicht, er will seinem Sohn ja nicht das Aquarium wegorganisieren, so ist er ja nicht. Also hält er sich zurück, wenn er am Wochenende in die Familie einfällt, hält sich zurück, so gut er kann. Bemüht sich nach Kräften, ein guter Vater zu sein, es macht ihm ja auch Freude. Seinen eigenen Vater hat er immer nur im Pyjama gesehen, vor dem Fernseher im Pyjama, am Abendbrottisch im Pyjama. Er selbst geht mit seinen Söhnen segeln, zelten. Besonders komfortabel ist Zelten ja nicht, vor allem nicht, wenn es tagelang regnet. Durch die Welt fliegen, im Sommer nach Kanada, im Winter nach Ägypten, das hat er auch schon gemacht mit der Familie. Für seine Frau, für ihn, war das natürlich begeisternder. Seine Kinder aber erinnern sich nur noch ans Zelten. Ägypten ist für sie schon bald eine Fernseherinnerung, Pyramiden, und schon wieder vergessen. Das hat er mittlerweile gelernt, auch das war einer dieser Lernprozesse für ihn.

Die Kinder aufwachsen sehen. Er kann nicht verstehen, dass vielen Vätern das so gar kein Anliegen ist. Er kann nicht verstehen, dass sie das alles verpassen, über ihre Kinder hinwegarbeiten, bis die zu alt sind für Vater-Sohn-, für Vater-Tochter-Unternehmungen. Irgendwann werden sie das bedauern, da ist er sich sicher. Und dann ist es natürlich zu spät. Seine drei Jungs und die Arbeit, das ist es für ihn, beides beglückt ihn immer wieder. Arbeitsprozesse zu durchdringen, neu zu gestalten, umzuorganisieren, zu prüfen; und dann seine Jungs, seine Frau und seine Jungs, am Wochenende.

Das schuldet sie dem Mädchen, das sie war, und ihrer Kindheit

Cynthia

Zwei Augen, so sieht sie sich gerne: dass sie Ausschau hält und wahrnimmt und denkt. Die Kapuze tief in die Stirn gezogen, und grau ihr T-Shirt, und schwer die Rahmen um ihre Augen, so eine Brille trägt sie. Was sie liebt? Sie denkt gerne und liest gerne und hätte sehr gerne mehr Zeit zu all dem. Sie hätte gerne mehr Zeit, sich zu pflegen, zu baden, sich zu cremen, mit einer Wärmflasche im Bett zu lesen, zu lesen. Aber sie hat keine Zeit, schon seit Jahren nicht mehr zu irgendetwas. Sie steht auf, geht zur Arbeit, geht zur Universität und hält Referate. Sie arbeitet als Verkäuferin an der Kasse am Bahnhof. Dort zu arbeiten, ist ihr keine wirkliche Freude. Sie sind da nicht sehr höflich zu ihr. Und sie, sie ist immer höflich, das schuldet sie sich, das schuldet sie dem Mädchen, das sie war, und ihrer Kindheit, in der sie sich immer zur Höflichkeit angehalten hat. Entschuldigen Sie, hatte sie gesagt schon mit fünf Jahren, entschuldigen Sie, würden Sie mir bitte dies oder jenes herunterreichen?

Würden Sie bitte? Das ist höflich, aber ist das freundlich? Selten, dass das gut aufgenommen wurde. So redet kein kleines Mädchen, ist ihr gesagt worden. Vielmehr hat man Angst vor kleinen Mädchen, die so reden, die höflich und mit hoheitsvollen Augen da stehen in ihren Kleidchen, adrett und Erwartungen haben. Höfliche Erwartungen selbstverständlich, und adrett im weißen Kleidchen. Lesen also, und den Vater nicht hören, der mit der Mutter streitet, die Mutter nicht hören, die den Vater anschreit und weint. Lieber lesen im weißen Kleid und höfliche Worte lernen und schwere und sanfte und schmiegsame Worte lernen. Lesen konnte sie mit vier Jahren schon, sie hat es sich selbst beigebracht. Und zur Schule, den Zopf bis über die Hüften, geht sie schon mit sechs und sieben alleine. Drei Kilometer zur Schule, und es hilft ihr nichts, aber auch gar nichts, dass sie höflich ist, und ihre langen Haare helfen ihr nichts, und dass solche adretten Kleidchen kaum eine trägt, diese altmodischen adretten Kleidchen, das schon gar nicht, dass die Kinder sie an den Haaren ziehen, an ihrem Zopf auf diesen drei Kilometern, ihr auflauern, sie schubsen, Steine nach ihr werfen. So höflich ist sie, dass sie der Lehrerin gut gefällt. Aber was ist eine Lehrerin gegen ein ganzes Dorf und eifersüchtige kleine Mädchen?

Es fällt ihr nicht schwer, sich durchzusetzen, wenn sie etwas will, hat sie die Worte, es auszudrücken. Es fällt ihr schwer, geliebt zu werden. Ihr Vater liebt sie nicht, das ist nicht leicht. Ihrem Vater erscheint sie als kleine Frau, als kleine Frau, die der Schwester eine Mutter zu sein hat. Der Vater liebt die Schwester, sie liebt er nicht. Vielleicht schätzt er sie, das kann sein. Möglicherweise hat er sie geschätzt, bevor ihm der Alkohol ganz das Gehirn zersetzt hat, bevor die Mutter ihn verlassen hat, damals, als sie noch in einem kleinen Dorf in Serbien gelebt haben mit all seinen Verwandten und Brüdern, von denen er reichlich hat. Auch ganz junge Brüder hatte ihr Vater, als sie dort lebten, Haus an Haus mit der Großmutter, allerhand Verwandtschaft. So junge Brüder hatte der Vater, dass sie ihr oft wie ihre älteren Brüder erschienen. Und sie haben sich gesorgt um sie und mit ihnen hat sie sprechen können, sie hat sie geliebt und zu ihnen ist sie gegangen, wenn der Vater mit der Mutter stritt und die Mutter weinte.

Zu lange bei der Großmutter gelebt, vielleicht war es das, all die Jahre, die ihr Vater und ihre Mutter in Deutschland waren. Vielleicht haben sie ihr deshalb kaum etwas bedeutet, der Vater nicht, die Mutter nicht. Nur, dass sie sich stritten, das war schwer. Kaum Erinnerung daran, nur dass sie sich stritten und dass es schwer war. Und warum schließlich hätte sie nach diesen drei Kilometern von der Schule und nur zwanzig Meter vor ihrem Haus in die Hose machen müssen, viele Tage hintereinander, warum sonst, wenn nicht deshalb? Und auch nachts war das ein Problem. Ein großes Problem für so ein höfliches kleines Mädchen. Und keiner half ihr und keiner tröstete sie darüber hinweg. Der Vater nicht, der jedes Mal auf und davon ging nach so einem Streit und mit irgendeiner Frau aus der Stadt ins nächste Feld. Und die Mutter nicht, die die Tage mit Putzen verbrachte, morgens anfing damit und nicht aufhörte bis spät in den Abend. Ihre Mutter hat sie nur putzend gesehen, und also musste sie ihrer kleinen Schwester eine Mutter sein, ihrer grässlichen, schlimmen kleinen Schwester, die der Augapfel des Vaters war und wurde. So eine laute, kampfbereite kleine Schwester, die einen Karategürtel machte und schon mit zwölf in die Disko ging, nur weil sich das gar nicht schickte. Diese grässliche kleine Schwester, die sich in ihren Freund verliebte und alles tat, um zu verhindern, dass sie sich sahen. Und ihr Freund, der über diese Schwester lachte und gut mit ihr konnte, und der lachte darüber, dass der Vater mit der Mutter stritt und seiner ältesten Tochter rein gar nichts erlaubte, um wenigstens etwas in seinem Leben unter Kontrolle zu halten. Eine kleine Nonne sollte sie sein, eine adrette kleine Nonne. Sie hat sich natürlich auch gewehrt und dieses und jenes in Angriff genommen. Laut ist sie nie geworden dabei. Getrunken hat sie mit ihren Freunden und ist heimlich ausgegangen oder hat die Koffer gepackt und ist auf und davon zu ihrer Großmutter, der Mutter ihrer Mutter, bis der Vater dort vorfuhr und mit gesenktem Kopf sie bat zurückzukommen. Dann kam sie auch mit und lebte wieder mit Vater, Mutter und Schwester, ging zur Schule und sehnte sich nach ihrem Freund, traf ihren Freund heimlich, traf ihren Freund und musste die Schwester mitnehmen als Anstandsdame. Die Schwester, die zwölf war zu dieser Zeit und schlecht über sie sprach an solchen Abenden, so ein keckes, freches Sprechen: Was der Freund denn an der Schwester finde, so etwa, oder dass sie doch recht langweilig und auch sonst zu nichts zu brauchen sei. So hat sie vor ihr mit dem Freund gesprochen, der das sehr lustig fand und lachte.

Das war ein Freund, so einen hat sie später nicht mehr gefunden. Mit dem wäre sie auf und davon gegangen, nach Italien, vielleicht heimlich in einer Nacht. Aber das hat er abgelehnt, das hätte er nie getan, auch nicht ihr zuliebe, auch nicht für sie beide. Warum auch? Hätte sie doch sehr gut zu ihm ziehen und bei ihm leben können, hätte sie doch sehr gut all ihre Sachen zusammenpacken können und ohne jede Heirat, wer braucht das schon, bei ihm leben können. Das hat er nicht verstanden, mit so einem Vater. Und damit hat es angefangen, dass sie sehr traurig wurde und dick und oft und lange mit ihm zu streiten anfing, weil er nichts und nichts verstand von all dem Tumult, in dem sie sich befand, von der Strenge des Vaters nicht, und dass sie ihn, den Freund, doch sehen wollte, so oft sie Zeit fand. Und ihm schien es so wichtig auch wieder nicht zu sein. Als sie also nur noch Streit anfing mit ihm, und auch der Vater sie gar nicht mehr aus dem Haus lassen wollte, da ist alles noch schlimmer geworden. Der Freund feindlich, der Vater feindlich, und sie hat Tabletten verschrieben bekommen, weil sie nur noch weinte und im Bett lag und dort lag und gar nicht mehr sprach. Solche Tabletten, dass sie erst recht dick wurde, und die Wangen standen ihr im Gesicht, dass es wirklich nicht mehr schön war. Dann hat er irgendwann gar nicht mehr gewollt, der Freund, so vermutet sie wenigstens. Also hat sie auch nicht mehr gewollt und nach diesen sechs Monaten den Kopf kühl und hoch getragen, wenn sie ihn sah. Kein Wort mehr mit ihm, dem sie doch offenbar gar nichts bedeutete, der sich geschämt hatte, sie mit auf eine Party zu nehmen, so war das.

So eine Wunde streift sich nicht so leicht ab. Vielleicht, wenn er nicht gestorben wäre, wenn er sich nicht freiwillig in diesen Krieg gestürzt hätte, dass er geradezu sterben musste. Wenn das nicht gewesen wäre und er jetzt nicht tot wäre, wenn sie sehen könnte, dass er lebt und älter wird und sich verändert, wenn sie ihn einmal ausschöpfen und austrinken könnte, dann vielleicht könnte sie ihn auch vergessen.

Sie ist mit ihrer Familie nach Deutschland geflüchtet, er dort bei Verwandten, dass sie, ohne es zu wissen, dicht beieinander lebten für einige Zeit. Als sie ihn dann aber zu suchen begann, da war er schon fort und im Krieg, und das Nächste, was sie hörte, war, dass er tot war. So ist das nun, damit muss sie nun leben. Vielleicht, dass er nicht in den Krieg gegangen wäre, wenn sie nicht den Kopf so hoch getragen hätte, wenn der Vater ihnen nicht verboten hätte, einander zu sehen, wenn alles nicht so schwierig und unerfreulich gewesen wäre. Und natürlich kann es sein, dass er sie zu dieser Party sehr gerne mitgenommen hätte, dass er sich gar nicht geschämt hatte, auch das kann sein.

Sie ist sofort ausgezogen, als sie hörte, dass er tot ist, hat ihre Sachen gepackt und sich eine Wohnung gesucht, in der sie weit fort von ihrem Vater trauern konnte. Hat sich einen kleinen Altar zurechtgemacht, einen kleinen Altar mit Fotos und Kerzen und Blumen, und ist dann nicht mehr aus dem Haus gegangen, höchstens in der Nacht einmal zum Kiosk, zum Zigarettenautomaten, hat nur noch geraucht und beinahe gar nichts mehr gegessen. Bleich war sie also und sehr dünn, ihre langen Haare, sehr rot gefärbt, standen wirr und trocken um ihren Kopf, als ihre Eltern sie schließlich aus dieser Wohnung holten – die Vermieterin hatte das einfach nicht mehr mit ansehen können – sie holten sie ab und nahmen sie mit nach Hause, kümmerten sich um sie, sorgten sich um sie, das erste Mal in ihrem Leben.

Jetzt lebt sie wie ein kleiner Soldat. Sie geht zur Arbeit – schlecht bezahlt arbeitet sie da am Bahnhof – und wird ihr Studium beenden, sehr bald, das hofft sie. Sie spricht ein höfliches, hohes Deutsch, sie hat es sich selbst beigebracht, ein Deutsch, wie es in Büchern steht. Heute liest sie nicht mehr viel, schon seit einigen Jahren nur noch wenig. Sie kann nicht. Sie lernt, sie arbeitet, sie schreibt an einem Referat zur femme fatale, und sie weiß, wenn sie es hält, wird es fundiert und klug sein. Sie hat die Klassiker gelesen, da war sie zehn und zwölf. Gott sei Dank hat sie das getan, sonst hätte sie jetzt gar nichts, das denkt sie manchmal. Sie kann sich schlecht konzentrieren, oft ist sie müde. Und immer ist etwas mit ihren Zähnen, die schmerzen und schmerzen. Immer ist etwas, dass sie sich auf nur wenig konzentrieren kann. Wie soll sie da leben und lesen?

Sie hat einen Freund, seit zwei Jahren hat sie wieder einen Freund. Er ist freundlich und klug. Sie ist froh, dass es ihn gibt. Und Freundinnen hat sie, Freundinnen, denen sie etwas bedeutet. Beinahe jeden Abend steht eine vor ihrer Tür. Und das, denkt sie manchmal, ist ja schon etwas.

In seiner allerersten Erinnerung trägt er Weiß, einen Matrosenanzug oder etwas Ähnliches. Und wirft sich in eine Güllepfütze. So war das.

Als Aupairmädchen

Nina

Die Haare kurz, fransig, im Nacken ein leichtes Geringel. Solche Haarspiele begeistern sie, da immer wieder etwas Neues auszuprobieren. Und dann die Augen, groß, grün. Seltene Augen. Heute, zur Feier des Tages, orange und blau umstäubt.

Ihre schönste Zeit bisher das Jahr, das sie mit neunzehn in den USA verbracht hat. Gleich nach dem Abitur ist sie dort hingeflogen, als Aupairmädchen. Das kann ja auch schief gehen, aber bei ihr ist es damals geglückt. Eine Traumfamilie, die ihr da zugefallen ist. Die Kinder nicht ganz und gar perfekt, ein wenig verzogen, aufrührerisch, wild. Aber die, Gott sei Dank, nur halbtags und in diesem reichlich großen Haus, Swimmingpool, ein puschlig weißer Hund. Zu Hause ja nie einen Hund. Und immer durfte sie die Familienautos benutzen, durch Washington fahren. Das bindet natürlich. Das bindet natürlich an die USA, dieses glänzend einzigartige Jahr.

Da hat sie auch ihren ersten richtigen Freund kennen

gelernt, Rekrut bei den Marines. Natürlich auch diese Uniformen. Wie im Film. Auf einem Ball hat sie ihn kennen gelernt. Seine dunklen Augen und Haare. Sie haben sich Blicke hin und her geworfen, bis dann er sie oder sie ihn angesprochen hat, das war da kaum noch zu trennen. Er damals mehr als leidgeprüft, und es ist ja nicht leicht, bei den Marines in Ausbildung zu sein. Dieser absolute Gehorsam, den Körper gering schätzen lernen. Erkältung war weichlich, im Herbst, im Winter mit Jacke herumzulaufen war weichlich. Und er so ein Sich-Selbst-Zerfleischer und Grübler, dem es nie gelang, das nötige Fett anzusetzen bei all den körperlichen Anforderungen, dem es nie gelang, genug Schlaf zu bekommen, der immer mit Augenringen herumlief. Stolz und Mitleid, beides hat sie damals für ihn empfunden, beides immer gleichzeitig. Natürlich war er nicht aus Neigung zu den Marines gegangen, vielmehr war er da hineingeraten, der Familie wegen, die nicht zu enttäuschen, den Vater nicht, die lange Familientradition väterlicherseits fortzusetzen, nur deshalb. So hat sie ihn damals kennen gelernt. Danach Kunst studieren, das schwebte ihm vor. Das hat er ihr immer wieder vorgetragen, Kunst studieren, sobald er da heraus ist. Heute ist er immer noch bei den Marines, hat sich weiter verpflichtet.

Mit ihm also, mit ihrem Marine, hat die Sache mit den Männern im Wesentlichen begonnen und auch gleich wieder geendet, so scheint es ihr manchmal. Seitdem hat sie keiner mehr in diesen Rausch versetztten können. Nie mehr seither dieses Gefühl: zwei Körper und eine Seele.

Es ist seltsam. Sie weiß ja, dass die USA nicht das Wunderland sind, als die sie ihr manchmal erscheinen, dass da vieles für sie unverstehbar bleiben wird, merkwürdig, manches erschreckend. Aber trotzdem ist sie, wenn sie dort ist, am glücklichsten. Viele ihrer besten Freunde hat sie da. Wenn sie das Geld dazu hat, fliegt sie hin, schaut wieder einmal vorbei. Die Zeit schreitet langsamer voran, als man denkt. Vieles ist dort dann noch, wie ein dreiviertel Jahr, ein Jahr zuvor. Da lässt sich immer wieder leicht anknüpfen. Auch schaut sie, dass sie jobbedingt öfter einmal dorthin kommt. Irgendwohin in die USA, ganz egal. Dann lebt sie auf. Florida, Kalifornien, North Carolina. Natürlich lieber in die größeren Städte, auch lieber in die wärmeren. Hier in Deutschland friert sie die meiste Zeit, zieht immer drei Schichten übereinander, mindestens, auch heute wieder die kältesten Hände und Füße.

Wunder, seine Mutter sagt immer: Wo bleiben die Wunder? Sie sähe ihn sehr gerne mit einer Marienerscheinung zum Beispiel oder Ähnlichem. Dass ihr Sohn mit dem Höchsten in Verbindung steht, wäre so gut zu merken. Ihm aber ist es sehr recht, dass es zu so etwas noch nicht gekommen ist, auch wenn er es natürlich auf sich nehmen würde, notgedrungen, eine Marienerscheinung oder Ähnliches. Er sieht immer die Menschen, denen so ein Wunder zuteil geworden ist, die Wundmale Christi zum Beispiel, die eine Frau in Bad Soden verstohlen mit sich herumträgt.

Er sieht die Verantwortung, die Bürde, die ihnen damit auferlegt ist. Man denke an die Propheten, die von Gott auserwählt, sich erst sträubten, flohen, wetterten, diesen Gottesaufruf als eine Bürde, eine Beanspruchung auffassten. Nicht ganz grundlos, denkt er. Ob sie schmerzen, die Wunden Christi? Das weiß er nicht, aber er sitzt am Krankenhausbett dieser Frau, und die erzählt ihm, was ihr so vor Augen steht, wenn einer stirbt im Krankenhausbett neben ihr. Wenn also einer stirbt neben ihr, dann sieht sie, ob er gut aufgenommen wird, dort, wo er hin soll. Ob sich da ein Tor auftut, Licht, Engelsgesänge oder eher eine Düsternis heraufscheint, ob der Kranke dunkel umfangen wird, so dass zu vermuten ist, dass ihm drüben Schweres bevorsteht, das Fegefeuer bevorsteht zum Beispiel. Auch die Schmerzen sieht sie, spürt sie, erleidet alles mit. Engelsgesänge, dabei bleibt es ja meistens nicht bei so einem Wunder.

Ein scharfer Wind, der ihn da anweht

Michael

Er hat eine Frau und zwei Kinder, für die wird er jetzt arbeiten müssen, die Promotion endlich abschließen und arbeiten. Nur schwebt ihm nichts vor, leider nicht, er kann ja nichts. Ein Doktor in Musikwissenschaft, wie soll sie das ernähren? Lehrer werden, vielleicht das, er hat auch schon angefragt im Schulamt. Musikwissenschaft! da müsse er noch einiges draufsatteln, er könne ja noch nicht einmal Klavierspielen, wie da mit Schülern? – Was sonst noch? Kisten stapeln und mit dem Gabelstapler? Auch für derlei fühlt er sich nicht sehr geeignet.

Er hat die letzten Jahre einfach so dahinfließen lassen, ohne sich irgendwie zu qualifizieren. Nur die Promotion, und die qualifiziert ja nicht, nicht wirklich. Die Frau ist mittlerweile schon unruhig. Ihr schwebt ja ein Ernährer vor. Das versteht er auch. Wer so beschädigt ist wie seine Frau, der verdient einen Ernährer. Nur ob er da der Richtige ist, das weiß er nicht. Im Augenblick verprassen sie ihr Erbteil, ihres und seines. Lange hält das nicht mehr vor. Dann muss gearbeitet werden, dringend. Das steht jetzt wirklich an. Dabei könnte er ganz aufgehen im Vatersein. Die Wonnen des Vaterseins, da findet er sich ganz wieder. Dem Spatzenhirnchen den Spiegel zeigen zum Beispiel, winken, bis der Spiegel begriffen ist. Dann das fröhliche Glucksen, das aus dem kleinen Wesen kommt, das jetzt wieder etwas gelernt hat, von da ab weiß es mehr.

Er könnte auch aufgehen im Beschützersein. Nicht arbeiten, nur beschützen. Die Frau muss ja umsorgt und beschützt werden. Wenn er den ganzen Tag außer Haus ist, ist das nicht möglich. Er weiß nicht, wie sich die Leute das vorstellen, die ihm da immer hineinreden, alles besser wissen: endlich die Promotion fertig schreiben und dann in den Job, die allerhöchste Eisenbahn. Die Frau wird dann da mit den Kindern sitzen, alleine, er sieht sie schon vor sich, und kann jederzeit in eine Trance stürzen, und keiner, der ihr dann zur Seite steht, sie da wieder herausrüttelt. Der Kleine erst acht Monate, und zu wissen, sie kann jederzeit abtauchen, in ihren inneren Albtraum hinein, ruhig lässt ihn das nicht.

Auch sein Vater ist da keine große Hilfe. Die monatliche Unterstützung hat er eingestellt nach dem ersten Jahr der Promotion. Dabei ist er vermögend. Lebt in seinem großen Haus am Rande von Mexikostadt in Räumen wie Kirchen so groß mit seiner jungen, hübschen zweiten Frau. Aber abgeben will er nichts von seinem Vermögen. Dass der Sohn sich mittlerweile fortgepflanzt hat, ihm zwei Enkel geschenkt hat, die ernährt und eingekleidet werden wollen, die Schwiegertochter schwer beschädigt, das interessiert ihn gar nicht. Einen Brief, einen Glückwunsch zum ersten Sohn, mehr nicht.

Und die Mutter ist auch keine Unterstützung, verbraucht, was sie in die Finger bekommt, gerne auch mehr als das. Ihren Anteil an dem vor ein paar Jahren verkauften Haus in Kronberg im Taunus hat sie schon fast aufgebraucht, und der Unterhalt, den der Vater ihr aus Mexiko schickt, viel ist das nicht, rinnt ihr nur so durch die Finger. Von ihr ist also auch kaum etwas zu erwarten, Geld nicht und Zeit nicht. Kaum einmal, dass sie anbietet, die Kleinen zu hüten, dass der Sohn einmal etwas Zeit hat alleine mit der Frau. Ein paar Stunden, und dann müssen sie auch schon wieder abgeholt werden, die Kleinen. Die Nerven, beschädigt, sagt sie, und dass sie mittlerweile zu alt sei, zu angeschlagen für so ein wildes Kindergetümmel.

Keiner, der ihm beisteht also. Und obwohl er sie sehr liebt, seine Kinder, verflucht er manchmal die Pillenpackung, die ihm das alles beschert hat. Eine recht zahnlose Pillenpackung war das gewesen, seine Frau, damals Freundin, zu abgelenkt, zu unkonzentriert, um da eine Regelmäßigkeit hineinzubringen. Also der erste Sohn, und dann der zweite, der dann allerdings ein Wunschkind war, ein Wunschkind der Frau. Wer so beschädigt ist wie die Frau, den hungert es nach Normalität, so ist das wohl. Das versteht er auch. Die ruhige Normalität einer Familie. Nochmal Kind sein dürfen mit den Kindern, vielleicht ja auch so. Die Stimmen, die immer wieder aus ihr herausbrechen, sind ja recht jung. Da wundert es nicht. Die Jüngste ist fünf. Alle mit einem eigenen Namen. Wie heißt du?, fragt er, wenn eine herauskommt, die er noch nicht kennt. Dann geben sie sich selbst einen Namen. Die Älteste ist siebzehn, die hört er selten. Die Zweitälteste mag ihn nicht, hasst ihn. Kürzlich eine Kissenschlacht mit seiner Frau, und plötzlich hat die sich verändert, in die Zweitälteste hinein – selten, dass die herauskommt, Gott sei Dank – und hat ihn mit einem Hass in den Augen angesehen. Es graust ihn immer noch, wenn er daran denkt. Die Jüngeren mögen ihn, lieben ihn. Sonst wäre es auch sehr schwierig. Noch schwieriger als es eh schon ist. Die vielfältigen Mädchenpersönlichkeiten in seiner Frau, das alles ist schwierig genug.

Aber es hilft ja nicht, darüber nachzugrübeln, zu hadern. Morgen wird er endlich einmal die Stellenanzeigen durchgehen. Das hat er sich vor Wochen schon vorgenommen. Einfach einmal hineinschauen in die Zeitung und sichten. Dass er sich Gedanken machen kann, was da überhaupt möglich ist, ob da etwas möglich ist. Die Frau beschützen, die Kinder ernähren, da kommt einiges auf ihn zu. Darauf wird er sich einstellen müssen in den nächsten Jahren, wirklich, ein scharfer Wind, der ihn da anweht.

Sie wird damals elf gewesen sein oder zwölf, da beginnen sich die Haare auf ihrer Stirn und zur Seite hin zu mehren. Ganz feine Haare sind das, blond und leicht gelockt. Reizend, sagt die Mutter, wenn sie ihr die Haare zu einem Zopf zusammenfasst, wie es sich da ringelt und flaumig absteht, ein Strahlenkranz. Sie aber hat die Befürchtung, dass von nun an kein Halten mehr sein wird. Dass ihr die Haare übers Gesicht wachsen werden, ihr weit ins Gesicht hineinwachsen werden, bis sie ganz verunstaltet ist. Und wird also in diesem Sommer vielfach vor dem Spiegel stehend vorgefunden, das Gesicht gegens Licht gekehrt, um den genauen Haarverlauf immer wieder neu zu untersuchen und zu bestimmen.

Seit drei Jahren ist Segeln jetzt *das* für sie

Vanessa

Sie hatte sich manches anders vorgestellt, aber so ist es dann nicht gekommen, und so schlecht war das dann auch wieder nicht. Um vieles hat sie sehr kämpfen müssen, muss das jetzt noch, manchmal gefällt ihr das auch. Sie verbraucht sich gerne, sie werkelt gerne an diesem und jenem, dass ihre ganze Kraft da hineinfließt. Früher war sie anders, früher hat sie auch Ruhe bewahren können, hat gelesen oder ist herumgegangen, Golf hat sie gespielt, natürlich war das nicht schlecht. Aber so wie es jetzt ist, wie gesagt, manchmal gefällt ihr das auch.

Sie ist ein fröhliches, freundliches Mädchen gewesen, ein ganz wunderbares Mädchen, so sieht ihre Mutter das, und ihre Kindheit war auch wirklich sehr schön. Sie erinnert sich gerne daran. Sie erinnert sich an vieles aus dieser Zeit sehr gerne. Besonders daran, dass alles so sicher war, dass immer genug Geld da war, dass ihr alle Wünsche erfüllt wurden. Sie war kein verwöhntes Kind, es hat ihr nicht geschadet, sie war einfach mit all ihren Wünschen im Reinen und also glücklich. Sie hat reiten dürfen, wann und wie oft sie wollte, Tennis spielen, Tanzen lernen, und all das war ihr eine heftige Freude. Dann die Reisen, eine Kreuzfahrt durch die Karibik, das nur zum Beispiel, eine Rundreise durch die USA.

So dachte sie damals, würde es immer sein. Der Freund ihrer Mutter reich, auch mächtig. Sie mochte ihn sehr. So ein Mann, der nicht nur reich ist, sondern auch mächtig, der hat eine ganz besondere Ausstrahlung, die war immer und überall zu spüren. Auch sie hat sie gespürt, als Kind schon. Zwölf Jahre so etwas wie eine zweite Ehefrau war ihre Mutter für ihn gewesen, und sie so etwas wie seine Tochter. Er natürlich ein Vater, den sie selten genug sah, der also kein strenger Vater für sie war, nie wütend, nie langweilig, nie gewöhnlich. Wirklich, auch sie hat ihn geliebt, so würde sie das sagen. Als dann eine weitere Geliebte auftauchte, er sich diese weitere Geliebte angeschafft hatte, ist sehr bald Krebs in der linken Brust ihrer Mutter entdeckt worden, vielleicht auch zuerst das eine und später das andere. Da begann dann die Zeit, in der sie mit ihrer Mutter alleine lebte und ihre Mutter Krebs hatte in der linken Brust, dann irgendwann in der rechten Brust, dann noch einmal in der linken Brust, dann an der Wirbelsäule und jetzt in der Leber. Sie stirbt nicht, ihre Mutter, sie lebt immer noch. Aber dass dies drohen könnte und vermutlich droht, ist manchmal sehr schwer. Immer alles sehr in der Gegenwart, nichts planen können. Dass sie zum Beispiel einfach nicht weiß, ob sie ihre Mutter eines Jobs wegen alleine lassen soll, ob sie einfach fortziehen soll nach all den Jahren, in denen die Mutter nicht gestorben ist. Nach all den Jahren könnte ihre Mutter ja genau jetzt sterben oder in ein paar Monaten, und sich einen solchen Umzug dann zu verzeihen, das würde ihr nicht gelingen. Es ist wirklich nicht leicht, einen Job zu finden, der nahe genug ist, dass sie ihre Mutter nicht zu verlassen braucht.

Sie wird sich also selbständig machen. Sie und ein Freund, so haben sie sich das gedacht, und das wird auch gut gelingen. Ein Büro werden sie mieten, Sekretärinnen einstellen, zwei, natürlich ist das ein Wagnis, natürlich hat sie Angst. Aber immer war es bisher so, dass sie am meisten gelernt hat, wenn sie die meiste Angst hatte, die größte Überforderung spürte. Sie hat sich dann ganz da hineingekniet, telefonisch verbunden mit aller Welt, rief ständig wen an, um diesen das zu fragen und etwas anderes einen anderen, und war dann irgendwann ganz und gar vertraut mit dem, was sie tat, wusste wirklich Bescheid, und das war dann jedes Mal sehr schön.

Natürlich wird sie sich bescheiden müssen, sie wird sich in der nächsten Zeit, vielleicht den nächsten Jahren, nicht sehr viel leisten können. Sie wird in die Wohnung ihrer Mutter ziehen und ihre Wohnung, die sehr groß ist und auch wirklich ihre und wohnlich, aufgeben. Sie wird in das kleine, 12 qm-Arbeitszimmer ihrer Mutter ziehen, und nachdem ihr Bett, ihr 1,40×2,00 Meter-Bett, dort verstaut ist, wird dort nicht mehr sehr viel Platz sein. Dabei will allerhand untergebracht sein. Wie das gelingen soll, weiß sie noch nicht genau. Nur, dass es gelingen wird, da ist sie sich sicher. Sie weiß, dass sie mit sehr wenig leben kann. Sie kauft schon jetzt kaum noch etwas ein. Kleider fast gar nicht mehr. Zwei neue Hosen, eine Jeans und eine fürs Büro, das muss dann genügen.

Es freut sie, dass es ihr gelingt, so wenig zu brauchen, dass um sie herum alles kleiner und überschaubarer wird. Es freut sie, dass sie sich verändert hat und auch jetzt noch verändert, dass ihr Charakter sich verbessert und verändert hat. Sie war ein freundliches Kind, wie schon gesagt, mit einem guten Charakter, froh und freundlich, und warum auch hätte sie damals jemandem wehtun sollen. Später war das oft anders, viele Jahre war das anders. Auch heute noch – manchmal sieht sie sich zu, wie sie ihre Mutter anschreit aus beinahe gar keinem Grund. Manchmal möchte sie nur einfach schreien, manchmal möchte sie ihrer Mutter wehtun. Und das hat die nun wirklich nicht verdient. Da muss sie sich einfach disziplinieren, und das wird sie jetzt auch, es ist auch schon besser geworden.

Manchmal wächst ihr einfach alles über den Kopf, der Job, die Selbstständigkeit, die da in Kürze auf sie zukommt, und dass sie nun ein halbes Jahr arbeitslos war, war auch nicht leicht. Sie arbeitet ja gerne, wie schon gesagt, sie kniet sich ja gerne in das ein oder andere hinein, dass sie ganz darin aufgeht. Sie hat also im Haus ihrer Mutter allerhand renoviert, den Garten umgegraben, den Fußboden neu verlegt, von morgens bis in den späten Abend hat sie gearbeitet, gewerkelt, gewütet. Sehr schwierig das alles, und natürlich das Schwierigste, das Bedrückendste, das Unveränderbarste, die Gesundheit der Mutter. Chemotherapie, und sie fährt sie dorthin und dahin. Manches hilft, manchmal scheint es ihr besser zu gehen, und manches, vieles, das meiste hilft natürlich nicht. Ihre Mutter ist eine wirklich gute Mutter, eine gute Frau, sehr sanft, das war sie immer, und hat ihr das Leben immer erleichtern wollen, auch jetzt noch, wo ihr das natürlich nicht mehr gelingen kann. Immer hat sie ihr gesagt: Dein Studium, auch wenn du da durchfällst, dann ist das eben so, dann werden wir etwas anderes finden. Und nie hat sie sich gesträubt, wenn sie ihr Tiere ins Haus geschleppt hat, was oft vorgekommen ist. Zuerst der Hund, irgendwann eine Katze, dann das erste Frettchen, als das gestorben war, das nächste, und dann noch eines. Und Frettchen sind nun wirklich keine freundlichen Tiere. Frettchen riechen nicht sehr gut und haben große, spitze Zähne in ihrem kleinen Gesicht. Ihr Lieblingsfrettchen war so wild, dass alle weithin großen Respekt vor ihm hatten. Zahm war es nur bei ihr, hat sich an sie gekuschelt, in ihrem T-Shirt geschlafen, von ihrer Schulter aus Ausschau gehalten, wo auch immer sie hinging. Dieses Frettchen hat sie geliebt, und als es starb, hat sie tagelang, wochenlang kaum noch geschlafen, nur noch geweint.

Tiere, so war das immer schon, am liebsten wilde Tiere, nichts Goldiges, wild. Sanft sollten sie nur bei ihr sein, und das waren sie dann auch. Dafür hat sie wirklich ein Händchen, wie sie es sonst für kaum etwas hat, auch für Männer nicht, selten. Vielmehr hat sie sich da immer sehr hineingesteigert, ihr ganzes Leben, alles hineingeworfen, dass der ein oder andere zurückwich, das war natürlich manchem zu viel. Für den, den man liebt, sollte man bereit sein, jederzeit alles aufzugeben, auch zum Beispiel jederzeit zu sterben, so sah sie das lange. Der, den man liebt, der sollte dann der Einzige sein und um ihn kaum etwas. So hatte sie mit ihrem ersten Freund wirklich nicht das große Los gezogen, und er mit ihr nicht, auch für ihn war das natürlich so. Immer haben sie gestritten, um alles, um gar nichts. So ein Streit ist, da waren sie manchmal erst eine halbe Stunde beieinander, meistens wie aus dem Nichts aufgelodert, die Flammen wirklich hoch. Er hat ihr das Schlimmste vorwerfen, auch antun können, hat sie mit ihrem Motorrad, und als ihr das Benzin ausgegangen war, fern ab von allem, mitten im Wald, es hatte gerade zu regnen begonnen, einfach alleine lassen können, und sie konnte schauen, wie sie nach Hause kam, trennen konnte sie sich trotzdem nicht. Acht Jahre, ihr erster Freund, ganz anders als sie, mit allerhand Freunden, die sie nicht mochte und die sie nicht mochten. Warum das alles, heute weiß sie das nicht mehr. Heute versucht sie der Erinnerung an diese Jahre so wenig Platz wie möglich einzuräumen, wie vernebelt erscheinen ihr diese Jahre heute, Ausflüge, Menschen aus dieser Zeit, sie erinnert sich tatsächlich kaum noch.

In dieser Hinsicht ist einiges besser geworden. Seit einem dreiviertel Jahr, seit einem halben Jahr war sie nicht mehr verliebt. Wenn sie verliebt war, und das war sie über die Jahre beinahe ohne Unterbrechung, war sie immer unglücklich. Kaum einmal, dass sie wirklich glücklich war und verliebt. Da war zum Beispiel der irische Musiker, mit dem sie nach wenigen Stunden schon hinauf in sein Zimmer gegangen war, und von dort aus am nächsten Morgen ihren damaligen Freund angerufen hat, um ihm zu sagen: Es ist aus. Ich habe wen anders kennen gelernt. Den liebe ich jetzt. Den zu lieben war dann allerdings auch nicht leicht. Wochenlang hat er ihr von seiner Frau vorgeweint, die ihn verlassen hatte. Immer wieder hat er ihr gesagt, dass seine Frau es nun einmal sei für ihn und sie eben nicht. Ein Trennungsgrund war das trotzdem nicht für sie. Als er sie dann verlassen hatte, hat sie sich eine Gitarre gekauft und Gitarrenstunden genommen, weil ihr das Gitarrenspiel mit ihm so verbunden schien. Zweieinhalb Jahre hat sie Gitarrenstunden genommen und Gitarre gespielt, auch gerne. Heute nicht mehr, Geige nicht mehr, Klavier nicht mehr.

All das kann sie ein wenig, aber nichts richtig, leider. Dabei hat in ihrem Leben die Musik immer eine wichtige Rolle gespielt, Chopin, Rachmaninow. Einmal hat sie, da wird sie dreizehn gewesen sein, vierzehn, einen Film im Kino gesehen, in der Nachmittagsvorstellung, da ist sie immer gerne hingegangen, auch gerne allein, gerne, so oft sie Zeit hatte und das Geld dazu, ein Film, durch den Nurejew tanzte. Für ihn schwärmte sie von da ab, seinetwegen nahm sie Ballettstunden von da ab. Für ihn las sie sich durch die russische Literatur, weil sie irgendwo gelesen hatte, dass für Nurejew die russische Literatur das Allergrößte, Schönste überhaupt sei. Dostojewski las sie: ›Der Idiot‹, ›Schuld und Sühne‹ las sie. Und als sie ›Krieg und Frieden‹ las an einem Nachmittag am Baggersee, schien es ihr, als sei dieses Buch das wirklich wundervollste, poetischste Buch überhaupt. Eines, an das nichts mehr je heranreichen würde. Und also weinte sie auf den letzten Seiten, wie später nie mehr um ein Buch.

Damals dachte sie, dass sie immer lesen würde, dass Lesen ihr immer sehr wichtig sein würde, dass sie immer und so oft sie Zeit und das Geld dazu hätte, ins Kino gehen würde. Und dann hat es Jahre gegeben, da hat sie kein Buch angerührt, da ist sie Motorrad gefahren, da hat sie sich Gedanken gemacht, was, wie und wann ihrem Freund gefallen könnte, ihn milde stimmen könnte. Sie ist viel draußen gewesen, hat viel Sport getrieben. Heute segelt sie, Segeltörns. Seit einigen Jahren, seit drei Jahren um genau zu sein, ist

Segeln jetzt *das* für sie. Dafür lässt sie alles stehen. Wenn sie nach so einem Segeltörn zurück in ihre Wohnung, nach Hause kommt, ist ihr alles ganz fremd. Dahin, so kommt es ihr vor, gehört sie dann nicht mehr.

Es ist anzustreben, dass sie verschwinden, die Stimmen, die Mädchen in ihr. Nur eine einzige Frau, sechsundzwanzig Jahre, und die ganz, das soll aus ihr werden, das schwebt der Psychologin vor. Sie aber werden die Mädchen vermissen, alle sind ihnen ja lange vertraut. Über den Weihnachtsmarkt gehen, sagt seine Frau, und nicht mehr die flirrenden Lichter sehen mit den Augen einer Fünfjährigen, oder vor einem Glas mit Lakritzschnecken und Coca-Cola-Fläschchen am Kiosk stehen. Das wird ihr fehlen, und ihm auch, glaubt er, sie dann so an der Hand zu halten.

Da bleibt wenig Zeit für irgendetwas

Marcel

Er hatte es sich einfacher vorgestellt, deutlich einfacher, leicht, als er jung war. Kinder kriegen, das auch einmal, irgendwann einmal. Viel Fahrrad gefahren damals mit zwölf, dreizehn, fünfzehn, überall hin, überall hin mit seinen Freunden. Viele Freunde, eine Clique, auch Reisen, mit gar nichts im Gepäck und kaum Geld, von Frankreich über Spanien bis nach Marokko. Daran denkt er heute immer noch gerne. Gefährlich, anstrengend, aber mit Freunden. So und besser würde es werden, wenn er älter wäre. So hatte er sich das gedacht. Dann Geld haben und noch weiter reisen und etwas besser leben und auch abenteuerlich. Jetzt hat er Kinder, zwei. Das dritte ist unterwegs. Jetzt kommt er erst einmal gar nicht mehr fort, da ist nichts abzusehen. Dabei in den USA, da würde er gerne leben, für ein paar Jahre wenigstens, seine Frau nicht – das dritte Kind, ein Wunschkind, das schon. Aber nicht in die USA, noch viele Jahre nicht. Viel arbeiten und drei Kinder und eine Frau, die auch etwas von seiner Zeit abhaben will, auch das muss ja sein.

Da bleibt wenig Zeit für irgendetwas, das ihm zu tun Freude macht. Dazu bleibt wirklich kaum noch Zeit. Fernsehen, das gar nicht mehr, Fernsehen, da schläft er ein. Manchmal liest er etwas, aber selten. Meistens mit Freunden, darauf zu verzichten, darauf lässt er sich nicht ein. Viel arbeiten, Maschinen für Maschinenteile, das den ganzen Tag, und er ist für allerhand Personal verantwortlich. So etwas zu konstruieren, das macht ihm Freude. Freude macht ihm sein Beruf schon. Nur die Zeit und die Verantwortung, das ist es, viel Geld, sehr viel Geld steht da manchmal auf dem Spiel.

So eine Maschine konstruieren, die ist dann sein Baby, die sieht dann so aus und funktioniert, wie nur seine Babys aussehen und funktionieren. Die schließlich aus der Hand zu geben, gar nicht so leicht ist das manchmal. Mit den Leuten, denen er vorgesetzt ist, versteht er sich gut. Er weiß ja, wie die ist er auch, so ist er gerne. Nur, was wird sich jetzt noch ändern? Auf absehbare Zeit nichts, auf absehbare Zeit ist er in diesem Leben festgeschraubt. Vielleicht im nächsten, vielleicht, wenn er fünfundvierzig ist, dann, oder fünfzig, vielleicht dann sogar einmal nach Mexiko oder Kanada, nach Neuseeland.

Da hat er sich so heftig hineingearbeitet in dieses Leben, so viel getan, nächtelang für Prüfungen gelernt, seine Frau, da war er zwanzig, neben ihm, das Baby auf dem Schoß, im Haus der Schwiegereltern, anders wäre es nicht gegangen. Und alles ist ihm gelungen. Fix ist er aufgestiegen und hat sich dort einrichten können. Und jetzt wieder, jetzt steht wieder eine Beförderung an. Noch weniger Zeit und noch mehr Verantwortung. Aber die ablehnen? Wie so etwas ablehnen? Ist ja eine Ehre, und das Vertrauen, das sich darin ausspricht. Natürlich hätte er ablehnen müssen. Diese Beförderung nicht auch noch. Aber er hat nicht und möchte jetzt nicht mehr darüber nachdenken, was jetzt und in den nächsten Jahren auf ihn zukommt. Da wird einiges auf ihn zukommen. Es glückt ihm viel, das schon, was er anpackt, das glückt ihm. Und also wird auch das jetzt sich zum Besten wenden. Und dann, wenn er vierzig, fünfundvierzig, fünfzig ist, auch das, das hofft er.

Sie ist ein Wunderwerk des Glaubens, die lateinische Messe, ein Kunstwerk, so sieht er das. Abgerieben, geformt über die Jahrhunderte von den Gezeiten der katholischen Kirche. Ein Glaubensextrakt also, das reinste Gebet, eine Glaubenskathedrale. Und jetzt seit Jahrzehnten zerstört und heruntergewirtschaftet, abgelegt, abgelehnt, verboten. Schwer zu verstehen ist das. Jederzeit würde er sie wieder beleben, danach sehnt er sich, ihr seinen Atem, seine Stimme zu leihen. Nur darf er das nicht. Dass er das nicht darf, ist ein andauernder Schmerz für ihn, ein Schäfer vor seinen Schafen, und darf das nicht.

Was soll sie da sagen?

Merit

Immer hatte ihr Vater ihr gesagt: auf keinen Fall Lehrer werden, Lehrer, das schürft dich aus, schau mich an! Für den Vater war dieser Job immer der reine Kampf gewesen. Nicht dass er zu schüchtern gewesen wäre oder zu leise, er war ja ein Possenreißer, abends in Gesellschaften sehr beliebt und auch in der Schule kein unbeliebter Lehrer, im Gegenteil. Trotzdem dieser unbändige Widerwille. Und hat dann in den letzten Jahren vor seiner Pensionierung dieses Hörproblem entwickelt. Keine hohen Kinderstimmen mehr, Kinderstimmen und hohe Mädchenstimmen – die Stimmen seiner Töchter fielen da leider auch darunter – hat er kaum noch verstehen können.

Auf keinen Fall Lehrer werden also, und sie hat sich natürlich trotzdem durchgesetzt. Politologie und evangelische Theologie, da hat sie sich dann durchgebissen. Leicht gefallen ist es ihr nicht, sie hat schon immer für alles hart arbeiten müssen. Aber Lehrerin, ihr Traumberuf, schon als sie ein Kind war, ein Teenager.

Seit kurzem hat sie ihr Referendariat abgeschlossen und einen festen, sicheren Job in Aussicht, das können ja heute die wenigsten von sich sagen. Auch ihr Vater ist mittlerweile versöhnt, sieht sie allerdings auch schon verheiratet – sie ist ja eine Frau. Kinder nach den ersten Jahren im Beruf, so sieht er das. Sie sieht das anders. Sie sieht nicht, dass sie sich irgendwann einmal wird ernähren lassen können. Sie sieht nicht, dass sie irgendwann einmal einen finden wird, der in sie investiert, in Kinder mit ihr, das sieht sie leider nicht. Bisher hat sie sich immer durchvögeln lassen müssen, um an den Wochenenden nicht alleine zu sein. Ein Anruf: Hast du Zeit? Und sie freute sich, und dann am Ende doch nicht viel mehr als Sex und schnell wieder fort.

Sie weiß nicht, woran es liegt, dass ihr da so wenig gelingt. Sie sieht doch auch nicht schlechter aus als die Töchter anderer Mütter, große Augen, lange Wimpern, einen großen, geschwungenen Mund. Auch pflegt sie sich, gerne auch ausdauernd, Schaumbäder, Haarkuren, geht nie ohne Puder aus dem Haus. Und dann sieht sie ihren Freundinnen zu, die sich da sehr viel laxer geben, lange nicht so gepflegt sind und auch keine Illustriertenschönheiten. Und trotzdem haben die einen festen Freund nach dem anderen, den nächsten immer schon in der Warteschleife.

Ihre Mutter sagt, es liege an ihrer Stimme, und dass sie manchmal so zänkisch ist. Ich als Mann würde mir das auch gründlich überlegen mit dir. Was soll sie da sagen? Und der

Bauch, sagt die Mutter, überhaupt die ganze Figur. Nichts passt so richtig zueinander: zu groß, die Hüften zu breit, und eben der Bauch, ohne jede Festigkeit. Sie müsse unbedingt Sport treiben. Sie hofft nicht, dass ihre Mutter Recht hat, sie glaubt nicht, dass es daran liegt. Aber an irgendetwas wird es wohl liegen, sie hofft, dass sie es irgendwann einmal herausfindet. Bis dahin Lehrerin sein, eine Klasse, die ihr anvertraut ist, die nachfolgende Generation.

Ein Panter etwa, ein Gepard

Daniel

1 Vielleicht nach Kiel ziehen, weil es sich dort segeln lässt. Hier langsam die Zelte abbrechen und dann nach Kiel ziehen. Segeln, das hat er gerne getan, als er ein Kind war. Frei sein und ein wenig arbeiten und ein wenig segeln gehen, so stellt er sich das vor. Hier ist nichts, wie es sein sollte. In so einem Zimmer, mit diesem Schrank, diesem Bett, den paar Büchern und Grünpflanzen, in dieser Stadt mit seinen Bekannten und Freunden, da kann er nicht glücklich sein und wird es auch nicht mehr. Alle Lebendigkeit fließt aus ihm heraus, jeden Tag ein bisschen, jeden Abend, jede Nacht. Er langweilt sich. Als er jung war und später auch noch und dann in München, war er ein Tier, eines von der lässigen Sorte, ein Panter etwa, ein Gepard. Sein Gang muskulös gespannt, alles immer in Erwartung. Und er hat sich bewährt. Auf jeder Party hat er sich bewährt mit seinen Freunden. Er ist bewundert worden, ein Vorbild, sein körperliches und geistiges Muskelspiel. Jedes Mädchen hat er haben können, in jeder Disko, beinahe jedes Mädchen. Pillen, Alkohol und

Partys. Bis er sich irgendwann nicht mehr ganz sicher war, wer denn eigentlich er und wer der ist, den er spielt. Er hat immer sich gespielt, da war er sich lange Zeit sicher, und bestimmt war es auch so. Er hat das gerne getan, und so lange er es gerne getan hat, war er auch sehr gut darin. Er und seine Freunde, so etwas wie eine Gang sind sie gewesen, und in jeder Disko haben sie beinahe jedes Mädchen haben können, er allen voran. Er hat sich da wirklich hervorgetan und sich darin geübt, seit er fünfzehn war. Zuerst war er schüchtern, sehr schüchtern ist er gewesen. Aber so ist das bei Jungs in dem Alter, es muss eben, irgendetwas muss dann geschehen. Also ist ihm nichts geblieben, als mutig zu werden, zu üben, und dann immer mehr und immer schneller ein Mädchen und dann das nächste ins Bett zu kriegen. Mit Aussehen hat das wenig zu tun, so etwas wie ein Muskelspiel in Gang und Gestik, Freunde haben und sie vorzeigen, das ist wichtig. So eine Disko ist ein ganz erstaunlicher Ort, ein Dschungel. Verliebt, darum ist es nie gegangen, verliebt ist er nicht mehr gewesen, seit er zwölf war. Als er zwölf war, die hätte er heiraten mögen. So sehr klug war sie nicht und auch nicht so sehr hübsch. Was es eigentlich war, das weiß er nicht mehr. Die hätte er heiraten mögen und wäre vielleicht jetzt noch glücklich mit ihr. Fast glaubt er das, auch wenn er sie nicht mehr sieht. Dass er so sein kann und dann wieder anders, das begreift er manchmal selbst nicht: mit einem Freund ein Mädchen mit aufs Zimmer nehmen, auch wenn die sich das so wirklich nicht vorgestellt hat, irgendein Mädchen, nur damit auch das nicht zu kurz kommt in seinem Leben, und dann wieder treu sein wollen und heiraten und Kinder kriegen und ein ruhiges Leben. Er mag Kinder, und eine Familie hätte er gerne.

Er ist ganz alleine, so kommt er sich manchmal vor. Mit seinen Freunden ist einiges anders geworden, seit er nicht mehr so ist, seit er sich so rar gemacht hat und sich von allem fern hält, von Drogen und Partys und Alkohol. Da wundert er sich auch nicht, dass jetzt nur noch selten wer vorbeischaut von früher, und wenn, dann ist er dem eine Enttäuschung. So ist es eben: wer so geht, wie er gegangen ist, diese Haltung, dieser Blick, auch freundlich, dem fällt einfach jeder zu, aber heute kann er das nicht mehr, und das spüren seine Freunde und auch Frauen spüren das.

Er bereut es nicht, er ist froh, dass er sich entfernt hat von alldem, über Jahre ist er nie alleine gewesen, schon am Morgen die Klingel und dann bis zum Abend immer irgendwer, viele in seinem Zimmer und Kiffen und abends weggehen und auf die Pirsch. Er ist nicht mehr, wie er früher war, aber wie er heute ist, da ist er auch nicht wirklich er. Er sitzt und lernt, das tut er den größten Teil des Tages, weil Lernen noch besser ist als zuzusehen, wie hier in diesem Zimmer mit diesem Schrank und den Grünpflanzen alle Lebendigkeit aus ihm herausfließt. Er wird ein guter Jurist werden, das hofft er, und Geld verdienen ist wichtig und Unabhängigkeit und irgendwann eine Familie und Segeln gehen. Nicht großartig und einzigartig, aber irgendwie so stellt er sich das vor. Wenn alles gut geht, darauf hofft er sehr, dass alles gut geht.

2 Manchmal schläft er zu viel, auch das kommt vor, dass er lieber gar nicht mehr die Augen aufmachen möchte. Dann steht er nur auf, um etwas zu essen, und lernen und lesen tut er dann nicht mehr. So etwas kommt vor, damit tröstet er sich, aber lieber wäre es ihm anders. Als Kind ist er schon so gewesen, und hat immer schon sehr viel geträumt, war sich nie sicher, was wahr und wirklich ist und was nicht. Er ist oft wie in einem Nebel zur Schule gegangen, einem schönen, weichen Traumnebel, und es ist ihm nichts passiert, in dieser ganzen Zeit nicht. Es ist seltsam, dass er damals so war und dann anders und heute ein Kompromiss ist aus all dem. Ein Kompromiss sein, das ist nichts, was ihn wirklich glücklich macht. Er ist vor allem verträumt gewesen, als er ein Kind war, ein kleines, sanftes Tier damals, mit großen, braunen Augen. Er ist nicht unglücklich gewesen, wirklich nicht, aber glücklich auch nicht. Er war wie ein Tier und nur da. Er hat gerne beobachtet und Ausschau gehalten, stundenlang hat er auf der Wiese herumgesessen und den Bullen beim Wachsen, Größerwerden und Sterben zugesehen. Und Ameisen hat er beobachtet, Pflanzen und alles, was grün war und lebte. Gelangweilt hat er sich nie. Und

auch Freunde hatte er immer, das ist seltsam, manchmal wundert ihn das. Schließlich hat er lange gar kein Deutsch gesprochen, zuallererst nur Englisch mit seiner Amme, als sie noch in Indien lebten und auch später noch mit sechs, sieben und acht. Lange Zeit hat er nur Englisch gesprochen, aber seine Freunde haben sich nie daran gestört. Irgendwie haben sie ihn immer verstanden, und auch er hat sie verstanden, es ist immer gelungen irgendwie. Später hat er gesprochen wie seine Mutter, ein gebrochenes Deutsch, ein indisches Deutsch, der Satzbau indisch und auch der Humor. Und sein Vater? Sein Vater war selten zu Hause. In so einer fremden Sprache leben in einem neuen Land, das ist nicht leicht. Natürlich hat sich das verändert, heute spricht er, als hätte er nie etwas anderes gesprochen als Deutsch. Seither ist ihm auch seine Mutter etwas abhanden gekommen.

Vielleicht besucht er irgendwann seine Amme in Indien, Amme nennt er sie heute, Aunty hat er sie früher genannt. Sie endlich einmal besuchen, das hat er sich seit Jahren vorgenommen. Noch zögert er, zögert es immer wieder hinaus, vielleicht versteht er sie nicht mehr. In Indien war er nicht mehr, seit er fünf war, und kann sich an rein gar nichts erinnern. Er konnte sich schon nicht mehr erinnern an Indien, als er sechs war und zur Schule ging. Das ist seltsam, hatte er damals schon gedacht, dass ich mich an rein gar nichts aus dieser Zeit erinnern kann. Keine Erinnerung haben an das, was vorher war, wenn man sechs ist und fast kein

Deutsch spricht, ist sicher nicht leicht. Kein Wunder, dass so ein Traumnebel sich wie von selbst um einen schmiegt und man weich geht und kaum aneckt. Wirklich, er ist nicht unglücklich gewesen in seiner Kindheit. Es hat ihm nur etwas gefehlt, seine Erinnerung an die Jahre, als er fünf war und vier und drei und in Indien lebte. Und dann später, als er acht ist, fehlt ihm seine Amme, die nach Hause zurückgekehrt ist. Sein Bruder und er alt genug und brauchen sie nicht mehr. Aber ein Junge, der acht ist, braucht den Menschen, der ihn aufgezogen hat, da ist er sich sicher. Ein solcher Junge hätte den Menschen, der ihn aufgezogen hat, auch noch länger gebraucht, ein Jahr, zwei Jahre, vier Jahre länger. Seine Amme fehlt ihm, als er acht ist und auch später noch.

Nicht, dass er seine Mutter nicht auch gerne mochte. Später mochte er seine Mutter sogar sehr, nur war sie ihm nicht vertraut. Es ist seltsam, manchmal vergisst er sogar, dass er eine Mutter hat, das kommt vor. Er hat dann keine Familie, auch seinen jüngeren Bruder nicht, den er sehr liebt. Er ist dann ganz allein.

Computer spielen und Pizza essen, so etwa

Tanja

Sie ist schon mit relativ wenig sehr zufrieden, glücklich, würde sie sagen. Sie hat diesen Halbtagsjob in der Bibliothek, und daraus könnte vielleicht auch wieder ein Ganztagsjob werden, wenn sie es will. Und warum auch nicht? Jetzt hat sie studiert, etwas weiter ausgreifen könnte sie von nun an also schon. Lektorin oder etwas Ähnliches, man wird sehen. Aber vielleicht auch einfach wieder als Bibliothekarin, auch das kann sie sich vorstellen. So ein Job ist ja nicht alles. Halbwegs unterhaltend sollte er sein, ein wenig fordernd, etwas Geld sollte hereinkommen, das Übliche eben. Mehr wünscht sie sich für sich nicht. Sie sieht da ihren Freundinnen zu, die ganz andere Pläne für sich schmieden, die auch ganz andere Hobbys pflegen, das Extravaganteste gerade gut genug. Sie tanzt gerne, hört gerne Musik, einfach alles hört sie von Grunge über Metall bis Gothic. Manchmal zieht sie sich dann auch so an, färbt sich auch so die Haare. Aber besonders extravagant ist das ja noch nicht.

Und sie ist gerne mit ihrem Freund zusammen. Der würde ihr fehlen. Auf den zu verzichten: Nein, das lieber nicht. Zwei Fotos in ihrer Brieftasche, blonde Haare, raspelig, blondiert. Pfiffig sieht er aus und jung. Drei Jahre jünger als sie. Als sie ihn kennen lernte, war er neunzehn und sie zweiundzwanzig, da fiel das noch sehr ins Auge. Mittlerweile arbeitet er viel und ist etwas nachgereift. Mit fünfundzwanzig ist er jetzt sehr gut im Geschäft. Fährt auf Geschäftsbesprechungen, kommt herum. Heute früh zum Beispiel nach Basel, unterrichtet sogar. Er ist aufgewachsen mit dem Programmieren, wie sie vielleicht mit dem Lesen aufgewachsen ist, schwimmt, wie ein Fisch im Wasser, in dem, was er tut. Das zahlt sich mittlerweile auch aus. Kein Abitur, dafür eine Malerlehre, die hat er abgebrochen. Und hat es dann schließlich doch geschafft, sein Programmieren, die Arbeit am Computer zum Beruf zu machen. So musiziert er übrigens auch. So haben sie sich kennen gelernt. Er hat sie nach einem Lied, auf das sie wild getanzt hatte, gefragt: Wie gefällt dir das? – Gut, hat sie gesagt, das ist von mir, er. Was für eine Anmache. Aber so hatte er es dann gar nicht gemeint. Nur sie war von da ab Feuer und Flamme – und er hat ihr einfach nichts angemerkt, nichts anmerken wollen. Da hat sie ihm schon fast auf dem Schoß gesessen, und er hat nichts gemerkt, das ging über Wochen. Auch Händchenhalten, damit sie ihn im Gedränge nicht verliert auf diesem Mittelaltermarkt, hatte er gedacht, so hat er ihr das später einmal erzählt. Wie ein kleiner Junge eben, wie zwölf. Schließlich hat sie ihn irgendwann einfach geküsst, das ist ihr natürlich auch nicht leicht gefallen. Aber es hat geholfen. Dieser Kuss in der Disko, und von da ab waren sie dann zusammen, von da ab hat sie sich als mit ihm zusammengehörig auffassen können, und sie haben begonnen, viel Zeit miteinander zu verbringen. Zusammen wohnen, das allerdings noch nicht. Bisher noch mit der Schwester. Und, na ja, es ist eine offene Beziehung. Letztlich ist da ja auch nichts dabei. Sie ist nicht eifersüchtig, er ist nicht eifersüchtig. Und so ein One-Night-Stand am Rande, das kommt zwar gelegentlich vor, aber eher selten. Man stellt sich da von außen ja sehr viel Abenteuerlicheres vor, Wilderes, Verruchtes. Aber so ist es gar nicht. Sie denkt, dieses Öffnen nach außen entspannt vielmehr. Jeder darf, da will man dann oft gar nicht. Zu wissen, dass nichts dabei wäre, reicht dann oft schon aus.

Sie findet es immer noch erstaunlich, dass das mit den Männern sich mittlerweile so gut entwickelt hat. Alles ist da heute so leicht, unbeschwert. Früher war das ja nicht so. Sie hatte einen wirklich bescheidenen Anfang. Sie war reichlich spät dran mit der Pubertät und so weiter, sah lange nicht älter aus als zwölf. Da kam sie natürlich nicht in Frage. Jungs hatten überhaupt keinen Blick für sie. Das hat sie nicht selbstsicherer gemacht. Und auch sonst war sie nicht gerade warm aufgenommen in ihrer Klasse und überhaupt. In dieser Zeit hat sie viel mit Computerjungs herumgehangen – Computer spielen und Pizza essen, so etwa. Noch nicht einmal für diese Jungs kam sie in Frage, für die auch nicht, das kränkt natürlich. Von einer Woche zur anderen hat sich dann alles verändert. Was so eine Woche bei einem Mädchen bewirken kann, das erstaunt sie immer noch. Sie ist mit ihrer Schwester auf ein Live-Rollenspiel gefahren, so etwas hatte sie früher ja schon häufiger gemacht, aber nie für eine ganze Woche, eine Woche lang zelten und in eine Rolle schlüpfen. Da fielen ihr nun auf einmal Blicke zu, Begehrlichkeiten, Jungs und mehr Jungs. Der sie dann schließlich küsste, war allerdings nicht sehr ledig, und die Freundin daheim war ihm wichtiger als sie, wie sich herausstellte. Das hat sie auch einige Zeit traurig gemacht, aber aufgehalten hat sie das nicht. Es lässt sich ja trauern und dabei trotzdem sich schon weiter umschauen. Sie würde sagen, ihre Blühzeit hatte da einfach begonnen. So ein Blühen, dass sie, zurück aus den Sommerferien, von vielen darauf angesprochen wurde. Man sah es ihr einfach an. Ihre Freundin damals nicht sehr erfreut, auch eifersüchtig. Ein Glücksfall, so sieht sie diese Woche, und hat von da ab begonnen einiges aufzuholen. Eine Beziehung und gleich die nächste. Die Nächte waren von da ab fast zu kurz für sie. Da ging sie noch zur Schule und abends schon bis spät in die Disko.

Heute hat sie natürlich alles aufgeholt und ist wieder ruhiger geworden. Die offene Beziehung, na gut. Aber ihr Freund ist ihr sehr viel wichtiger als das. Ihm würde sie natürlich auch treu sein. Für ihn würde sie überhaupt sehr viel tun. Alles, was in ihrer Macht steht, könnte man sagen. Auf den zu verzichten, so bescheiden sie ja sonst ist in ihren Ansprüchen, das lieber nicht. Ohne ihn, das wäre dann wirklich etwas ganz anderes, ein ganz anderes Leben, wirklich.

So sehr er sie auch liebt, seine Frau, sie bemitleidet, ihr vieles verzeiht. Ihre Unordnung, dass sie einfach keine Ordnung zu halten in der Lage ist, das muss er ihr doch immer wieder nachtragen. Es ist auch schon vorgekommen, dass er ausfällig geworden ist, sogar das, leider. Da tritt sie zum Beispiel herein in die Wohnung und wirft ihre Jacke ab, ihre Tasche, wo sie gerade steht und herumgeht. Und da bleiben sie dann natürlich liegen, die Jacke, die Tasche, schreien zu ihm auf, flehen ihn an, dass er ab diesem Moment nichts anderes mehr denken kann. Sie haben doch alle ihren Ort, dort wollen sie hingelegt, hingehängt sein, alle Dinge. Er weiß wirklich nicht, wie seine Frau das aushält, diese schreienden Gegenstände überall in der Wohnung, diese Unbehaustheit überall.

Geräusche können ihn glücklich machen. Im Museum zum Beispiel, dieses Klack, Klack der Stöckelschuhe, das in den Räumen leise nachhallt, dieses feine Getuschel vor den Bildern. Da wird es ihm manchmal ganz schwach in den Knien, dass er sich sofort auf eine der Bänke gleiten lassen muss, wohlig schwach, wenn er so etwas hört.
Im Fernsehen ganz ähnlich, diese volkstümlichen Bastelsendungen, die sieht er sich an. Zwei ältliche Frauen zum Beispiel, die sich über ein Trockenstraußgebinde beugen, da immer wieder etwas zurechtpflücken, die Schleifen zurechtrücken. Und dabei ihr Getuschel, ihr Gesumse: Hier noch eine Kleinigkeit. – Da siehst du es. Und: Gleich haben wir es. – Dieses Rosa, ist das nicht entzückend? Und schon fühlt er sich ausgesprochen wohl in seinem Fernsehsessel, so behaust, dass er sich leichthin zurücksinken lassen kann. An einer solchen Sendung kann er einfach nicht vorüberschalten. Seine Frau bringt das manchmal auf. Wirklich, es gelingt ihm einfach nicht, da dann vorüberzuschalten, er hängt dann fest, bis auf weiteres hängt er da dann fest.

Ein Morgen- und Tauapfel

Matthias

Und dann war er da heraus aus der Klink. Der Alkoholismus überwunden. Die Welt frisch und jung, gereinigt. Und er hatte es geschafft, sich da herauszuarbeiten aus dem Alkoholsumpf. Das gelingt ja nicht vielen, eine gewisse Stärke gehört da ja dazu. Die hat er. Mehr Selbstbewusstsein, Dinge angehen, das tat von nun an Not. Sich nicht weiter in Träumen verlieren von großen Möglichkeiten, dabei trinken und nichts angehen. Jetzt alles angehen. Alles, was er verpasst hat über die Jahre seines Trinkens, nachreifen. Trinken hält seelisch jung, so könnte gesagt werden. Oder anders: Wer trinkt, entwickelt sich nicht, steckt fest. Das muss sich ändern. Er ist klug, das wird helfen. In der Klinik ein Intelligenztest, überragend. Er wird jetzt einfach alles nacharbeiten. Mit so viel Energie ist er aus dieser Klinik, wie der Apfel vom Baum wieder in die Welt zurückgefallen. Ganz rot, ein Morgen- und Tauapfel. So war er, so hat er sich gefühlt. Dass die Welt nur wartet auf ihn. Auf ihn mit seinem neuen, strengen Tagesablauf, seinem strengen

Lebensplan. Schriftsteller werden, das schwebte ihm vor. Schon immer, schon seit er sechzehn und siebzehn war, hat ihm das vorgeschwebt. Berühmt werden, nicht bloß so ein deutsches Provinztalent, wirklich berühmt werden, über Deutschland hinaus. In den USA Fuß fassen. Vielleicht irgendwann einmal nach Manhattan ziehen. Träume natürlich, aber er denkt immer noch gerne daran. Schreibt sofort leichter, wenn er sich wieder einmal daran zu denken, zu glauben erlaubt – ein weltweiter Schriftsteller. Talent hat er, viel davon, das ist ihm immer wieder bestätigt worden. Jetzt nur etwas fertig stellen. Etwas ganz und gar fertig stellen und abschließen, das steht jetzt an.

Er hat ja im Wesentlichen geträumt, als er ein Kind war, saß im Garten, auf Bäumen in Wiesen, stiefelte durch Geschichten von Ruhm, Reichtum und Anerkennung, von Abenteuern, auch in Dunkelheiten hinein, in Abgründiges. Da hat er nichts ausgelassen. Er hat ja eine Phantasie, die sich nicht immer hineinreden lässt. Da webt sich manches wie von selbst. Da steckt er dann plötzlich fest und ist eingewickelt. Auch das ist vorgekommen. So war er also. Verträumt und hoffnungsvoll, auch ängstlich, als er ein Kind war.

Irgendwann ist er dann ins Trinken hineingeglitten. Die Welt muss ja mit der Traumwelt Schritt halten können. Und er muss Schritt halten mit dem Abenteurer und Weltenstürmer, der er in seinen Träumen ist. Unter Alkohol ist ihm da manches gelungen. Mit fünfzehn hatte er zwei Freundinnen gleichzeitig, die nichts voneinander wussten. Das war ein gehöriger Organisationsakt, sehr viel Energie hat ihn das gekostet. Die dunklen Augen und Haare, das hat etwas hergemacht, und er hat gut erzählen können und gut tanzen. Ohne Alkohol nicht, da war er seltsam, versponnen, in sich gekehrt. Hat früh schon vor jedem Diskoabend drei Schnaps hinuntergestürzt, zur Selbstermutigung. Keiner durfte wissen, dass er das nötig hat.

Also Schriftsteller werden, Schriftsteller sein. Daran arbeitet er jetzt, seit er aus der Klinik heraus ist. Von allen Seiten Zustimmung. Er wird wirklich beklatscht für seine Geschichten. Ein Buch, das zögert er immer wieder hinaus. Immer wachsen ihm seine Projekte in den Himmel, dass er hin und her springen muss zwischen ihnen, nichts abschließen kann. Die Feinheiten, da kann er sich ganz hineinsinken lassen und dann sieht er das große Ganze, längst ist es durchgeplant, das Planen ist ihm ja auch eine Freude, aber dann in der Ausarbeitung fast zu groß für einen alleine, fast zu groß, um wirklich bewältigt zu werden. Jetzt also demnächst ein eigenes Buch, er muss sich regelrecht dazu zwingen, da nicht wieder zurückzuscheuen. Er muss regelrecht da hineingeschoben werden. Er hofft, dass es ein Erfolg wird. Zurechtgestutzt werden, das verträgt er nicht so gut, da kennt er sich. Dann scheint es ihm gleich, als wäre ihm nie etwas gelungen. Als wäre er nichts, hätte nichts.

Dann rinnt ihm alles durch die Finger. Manhattan, kann sein, dass er ohne wird auskommen müssen. Das weiß er natürlich. Aber er will nicht. Er lebt doch schon dort, seit Jahren schon. Es wäre ihm also ein erheblicher Verlust.

Als sie sechs ist, hat sie eine Kiste angelegt, in die sie Fotos packt von den Männern, die sie verehrt. In die sie verliebt ist, so sagt sie das. Rummenigge ist darunter, auch ein Autogramm von ihm, auf das sie sehr stolz ist. John Lennon ist darunter und einige Männer, auf die sie nur einmal einen Blick geworfen hat, ein Blick in einen Truck hinein, zum Beispiel dieser Mann. Auch die sind alle notiert. Männer, in die sie verliebt ist – eine Sammlung.

So ist sie jetzt, eine junge Frau und tough

Sophia

1 Mit all dem möchte sie einfach nichts mehr zu tun haben. Sie ist ja kein junges Mädchen mehr, sie ist ja jetzt Lehrerin, Sonderschullehrerin mit einer eigenen Klasse. Viel Zeit hat sie dafür gebraucht und viel Kraft. Jetzt ist sie stolz, dass sie das alles erreicht hat, dass sie etwas kann, das ihr keiner mehr wegnehmen kann. So schreitet sie auch aus, mit langen Schritten, die kurzen Haare im Wind. So ist sie jetzt, eine Frau und tough, auch ungebunden, seit einigen Wochen wieder frei. Und der, den sie da hatte, der hatte sie in keinem Fall verdient, dem war sie so sehr gewachsen und über den Kopf gewachsen gewesen, dass er sich jetzt eine Junge, ein Mädchen hat anschaffen müssen. Ein Mann von fünfunddreißig schafft sich ein Mädchen von zweiundzwanzig an, da lacht sie doch. Der wird sich noch umschauen, das wird er noch bedauern, aber dann ist es zu spät. Längst ist es zu spät. Den nimmt sie nicht mehr zurück, einen, der sich so aufgeführt hat, den nimmt sie nicht mehr zurück, auch wenn er bettelt. Sie hat ihre Freunde, das hat sie ihm gesagt,

und ihre Freunde, die eine Zeit lang seine Freunde waren, die sind jetzt wieder ihre Freunde und seine nicht mehr. Da soll er nun sehen, wie er ohne sie und ohne ihre Freunde ganz alleine nur mit dem Mädchen klarkommt. So einen will sie nicht mehr zurück, den nicht, der so ein Girlie-Mädchen mit Spangen im Haar zu seiner Freundin macht. So einen zurückzuwollen, das kann sie sich nicht vorstellen und ist ihr auch nie passiert. Es war immer so, dass es irgendwann vorbei war, und dann war es auch wirklich vorbei. Manchmal hat sie gesagt: Es ist vorbei, und dann war es vorbei. Oder der, mit dem sie zusammen war, sagte: Es ist vorbei, und dann war es vorbei für sie und das dann auch für immer.

Natürlich ist sie nicht glücklich, das kann auch keiner von ihr erwarten nach so einer Trennung. Sie ist nicht traurig und glücklich auch nicht. Und das ist so auch ganz okay, findet sie. Jetzt ist sie Lehrerin, und darauf kann sie stolz sein. Sie geht wieder alleine auf Partys, erst letztes Wochenende war sie in Köln, und sie ist mit ihrer Freundin nach Mallorca geflogen, um dort wandern zu gehen, Tageswanderungen, bis sie ganz verschwitzt und schmutzig waren, so war das dort, zwei wirklich schöne Wochen.

2 Sie kann es manchmal kaum glauben, dass sie einmal so anders gewesen ist, dass sie einmal klein und ein Mädchen gewesen ist, auch wenn sie auf all diesen Fotos tatsächlich so aussieht. Viel Schmuck an den Armen und Ringe und Spangen im Haar, als sie sieben und acht war, und gerne ein Handtäschchen, bestickt. »What a feminin girl«, haben die amerikanischen Nachbarinnen damals zu ihrer Mutter gesagt, »What a pretty little girl«, wenn sie da im Garten saß und spielte und auf der Straße herumging und promenierte. Die Jahre in den USA waren schöne Jahre, auch die Kleider, daran erinnert sie sich. Auch an die Mädchen, sehr viele kleine Mädchen in gerüschten Kleidern, mit Lackschuhen und weiß- und rosabestrumpft. Pyjamapartys, Geburtstagspartys, daran erinnert sie sich. Sonst an kaum etwas aus ihrer Kindheit. Sie weiß nur noch, dass sie sehr ängstlich war. Dass sie zum Beispiel Angst vor dem Sandmännchen hatte und von ihm schlecht träumte. Dass sie träumte, dass es ihr brutal die Augen aufriss und Sand hineinstreute. Und brav soll sie gewesen sein, immer in Furcht, etwas falsch zu machen, nicht gut zu sein, nicht gehorsam. Das erzählt ihre Mutter. Sie selbst erinnert sich nicht daran. Sie erinnert sich nur daran, wie ihre Schwester gewesen ist, was für ein freches, kleines Mädchen ihre Schwester gewesen ist, wie wild, wie unberechenbar. Sie erinnert sich daran, weil davon immer sehr viel die Rede war. Weil von ihrer Schwester immer sehr viel gesprochen wurde und noch wird.

Er ist sechs und lebt schon in Deutschland. Seine Amme schläft mit ihm und seinem kleinen Bruder im gleichen Zimmer, kümmert sich um den Bruder mehr als um ihn. Da träumt er diesen Traum, dass er sich auf sie stürzt, während sie schläft, dass er versucht, sie zu ersticken, mit ihr ringt. Als er aufwacht, ist alles wie immer. Keiner erfährt etwas davon, seine Amme nicht. Aber er *weiß es von nun an, dass er so ist, dass er tief innen böse ist. Als er sechs ist, weiß und vermutet er das.*

Das gemeinsame Haus, der gemeinsame Garten

Bernd

Manchmal wird es ihm zu viel. Dann schaut er, dass er sich zurückzieht. Dann baut er etwas, repariert etwas. Dazu ist seine Kellerwerkstatt ja da. Diese Überschaubarkeit, die Werkzeuge, jeder Schraubenzieher, alle hängen sie ihrer Größe nach an der Wand, und auch die Schrauben und Nägel nicht wirr durcheinander. In der Werkstatt alles wirr durcheinander, das, so etwas könnte er nicht. Hier ist er gerne still und arbeitet. Seine Frau wirft ihm das manchmal vor, dass er nach einem Streit zwischen ihnen schnell etwas zu reparieren sucht, dass plötzlich unaufschiebbar etwas zu tun ist. Dabei könnte er ja auch brüllen, oder lange schmollen. Er geht nur in seine Werkstatt und repariert etwas für das Haus, oder richtet etwas im Garten. Das gemeinsame Haus, der gemeinsame Garten, so dass sie sogar noch profitiert von so einem Streit, das denkt er manchmal.

Vor ein paar Tagen hat er seine Tochter, die älteste, für die Werkstatt zu begeistern gesucht, die ist jetzt neun. Sie haben einen Schemel gebaut, mit gedrechselten Beinen, für den Flur, um Blumentöpfe obenauf zu stellen. Aber wirklich bei der Sache war sie nicht, das war zu merken. Das ist natürlich schade. Vielleicht, wenn die beiden Kleinen etwas älter sind, vielleicht zeigt von denen dann eine Interesse. Etwas beibringen, die Hand führen, das Auge schulen, manchmal kann er sich das schön vorstellen.

Seine Freunde klagen immer über die Familie, dass die sich nicht interessiert für das, was sie machen, für den Job nicht und für die Hobbys auch nicht. Aber beklagen, so weit will er nicht gehen. Es ist schade, dass da wenig Interesse ist, manches gering geschätzt wird, aber mehr auch nicht. Es kränkt ihn nicht. Ihn interessiert ja auch vieles nicht, was seine Frau interessiert, was der wichtig ist. Sitzt er einmal dabei, wenn sie Freundinnen eingeladen hat nachmittags zum Kaffee zum Beispiel, dann schwirrt ihm bald schon der Kopf. Er sieht ja kaum einmal Serien, Sitcoms, da kann er also nicht mitreden, und langes Klagen über Kolleginnen, Kollegen im Job, da weiß er dann auch nicht recht wohin damit. Erstens kennt er die jeweiligen Kolleginnen, Kollegen nicht und zweitens erscheint es ihm unnötig. Wen etwas stört, der sollte den Versuch unternehmen, etwas zu ändern, oder sich drein finden, so sieht er das. Seine Frau kann das leider nicht. Die klagt noch nach Jahren über Leute, von denen sie sich übervorteilt gefühlt hat. Bis in die Untertöne des Gesprächs hinein, wortwörtlich weiß sie dann manchmal nach Jahren noch etwas. Was soll er dazu dann sagen? Das auch gerne in der Wiederholung, zum hundertsten Mal das immer Gleiche. Seine Mutter, zum Beispiel, und wie die sich an den ersten Kennenlernabenden aufgeführt habe, das ist jetzt fast zehn Jahre her. Und jedes Mal soll er sich wieder auf die Seite seiner Frau schlagen und gegen die Mutter, immer wieder sucht sie diese Bestätigung. Aber das kann er nicht, das fällt ihm dann wirklich schwer. Er sieht immer beide, dass seine Mutter es so nicht gemeint hatte, und er sieht seine Frau, die sich an den ersten Abenden tatsächlich etwas merkwürdig benommen hat. Nicht ruhig und selbstsicher, wie seine Mutter das mag, sondern laut aufgetreten ist, schüchtern laut. Auch das hat er natürlich verstanden, auch die Unsicherheit seiner Frau, da war er ganz mit ihr. Nur hier immer wieder den Richter spielen zu müssen, Partei ergreifen zu müssen, die eine, die nahe gelegt wird, das widerstrebt ihm einfach, da immer wieder hineingedrängt zu werden, und dass er immer wieder eine Enttäuschung einläuten muss.

So kam damals ein Zusammengehörigkeitsgefühl zustande zwischen ihnen, dass sie sich beide für den Holocaust interessierten, sich von den Lehrern empfehlen ließen, was da zu lesen war, lasen. Und auf dem Schulhof dann Gespräche darüber, bis hin zur Entscheidung, gemeinsam nach Auschwitz zu fahren, eine geführte Fahrt, eine Reisegruppe, alles Frauen um die fünfzig, sechzig, die mit ihnen fuhren. Eine Schreckensexkursion, so erinnert sie das.
Er gibt früher auf als sie, fährt alleine zurück. Sie fährt einen Tag später regulär mit der Reisegruppe, weinend, zitternd an den Busen einer der Frauen geschmiegt.
Danach keine Gespräche mehr über den Holocaust, kaum, dass sie sich grüßten.

Lila und grüne Röcke im Trachtenstil

Pamela

Sie war damals die Klassenschönheit. Darf sie das so sagen? Das war ja nicht immer leicht. Sie sagt das ja nicht mit Eitelkeit. Sie war zwölf, da hat sie schon wie eine Frau ausgesehen, wie eine junge Frau natürlich, eine schöne junge Frau. Auf den Fotos dieses kleine, unschuldige Apfelgesicht über einem langen, schlanken Hals, die blonden, über den Schultern sich leicht lockenden Haare. Ein Goldblond, später ist das nachgedunkelt, heute muss sie nachfärben. Selbst in den grässlichsten Kleidern hat sie wie ein Männertraum ausgesehen. Lila und grüne Röcke im Trachtenstil, bis weit über die Knie. Die Mutter hatte da keinen Geschmack. Sie hat trotzdem schlank und hoch gewachsen ausgesehen in diesen Kleidern, grazil, findet sie, wie da längst herausgewachsen, als halte sie das alles nicht am Boden. Wenn sie die Fotos jetzt so ansieht, findet sie das. Ihr war das damals aber nicht bewusst. Die Blicke, die ihr plötzlich zufielen, haben sie eher verwirrt. Was sollte das? Sie war ja erst zwölf. Sie hatte einen Busen und auch schon weibliche Hüften unter ihren lila Röcken. Aber sie hat da ja noch mit Barbiepuppen gespielt, hat sich zu Weihnachten ein Barbiehaus gewünscht. Die Blicke erwachsener Männer, da wusste sie damals nichts mit anzufangen. Pfiffe auf der Straße, das hat sie eher geniert. Irgendwann sind dann die Jungs in ihrer Klasse in die Pubertät gekommen. Da war es dann allen klar. Sie war die Klassenschönheit. Ist gleich in der Rangordnung weit aufgestiegen. Auch die Mädchen haben von da ab zu ihr aufzugucken begonnen. Ein bisschen war sie von da ab die Pubertätsmutti. Sie hatte ja schon das meiste hinter sich. Sie hat dann schon mal in BH-Fragen beraten. Oder ist gefragt worden, wie das denn mit dem Tanzen geht, während der jährlichen Schuldisko. Als wüsste sie alles. Den Diskoschritt, mehr kannte sie damals auch nicht. Dazu hat sie dann geraten. Eins, zwei, Tipp, eins, zwei, Tipp.

Heute findet sie das eher putzig, dass die Jungs damals von ihr geträumt haben. Die ersten Träume in dieser Art haben ihr gegolten, da ist sie sich sicher. Damals aber hat sie das nicht putzig finden können. Sie hat sich betastet und begrabscht gefühlt. Sie konnte nicht aufstehen, sich hinsetzen, sich vor der Schule auf den Rasen legen und in den Himmel gucken, ohne dass wer neben ihr saß und ihr auf den Busen schaute. Sie erinnert sich noch, als ein Klassenkamerad, da waren sie beide dreizehn, begonnen hat, ihr immer wieder ihren Lodenmantel aufzuknöpfen, so dass sie ihn immer wieder zuknöpfen musste. Das ist doch nur ein Spiel, hat er gesagt, und sie hat es mitgemacht. Sie mochte ihn ja. Aber natürlich war es mehr als ein Spiel. Jeder wusste das.

Irgendwann hatte sie dann ihren ersten Freund. Kein Freund zum Angeben war das, das hatte sie ja auch nicht nötig, schmächtig, rote Haare, graue Augen, abstehende, durchscheinende Ohren. Entsprach nicht dem üblichen Teenygeschmack. Aber er war so lieb. Er hat ihr immer die Tasche getragen. Ihr etwas beim Hausmeister gekauft, wenn sie das wollte. Ihr überhaupt allerhand gekauft, wenn sie zusammen bummeln gingen in der nächstgelegenen größeren Stadt. Immer wieder mal ist da ein T-Shirt herausgesprungen. Dieses hier zum Beispiel, weiß mit großen roten Punkten und Kapuze. Oder mal einer dieser bunten Chiffonschals, den sie als Gürtel in ihrer Jeans trug.

Mit diesem Freund war sie lange zusammen, weit über ihre Schulzeit hinaus. Dann hat sie einen anderen kennen gelernt, auf der Arbeit. Männer mit roten Haaren, die mag sie aber immer noch, das ist ihr von ihm geblieben.

Sie hofft natürlich, dass es ihm gut geht. Seit ihrer Trennung hat sie nichts mehr von ihm gehört. Ein glatter Schnitt. Die erste Beziehung, die war es ja für beide, die hält ja meistens nicht, wie man hört. Irgendwann will die eine, der andere dann eben doch etwas weiter ausschreiten, sich umsehen, irgendwann ist das dann einfach so.

So ein Hüpfen in der Menge

Oliver

Er erinnert sich an kaum etwas aus dieser Zeit. Nein wirklich, da ist nichts, an das er sich jetzt und auf die Schnelle erinnern könnte. Natürlich ist ihm das ein oder andere erzählt worden und Fotos, davon weiß er natürlich. Aber das ist ja nun keine Erinnerung aus dieser ersten Zeit. Er hatte einige Freunde, mit denen er gerne und oft spielte, oft mit den Kindern der Freunde seiner Eltern, und diese seine Freunde und die Freunde seiner Eltern haben dann auch bis in die erinnerte Zeit hineingereicht. Auf diese Weise ist er also doch auch mit der nicht erinnerten Zeit verbunden, als er sechs, sieben, acht oder neun war. So jedenfalls könnte man es sagen.

Da war zum Beispiel Andreas, sein überhaupt bester Freund. Mit Andreas hat er allerhand unternommen. Atari haben sie gespielt und Fahrrad sind sie gefahren, bis Andreas dann auf eine andere Schule gegangen ist und ihm nur noch sein Freund Daniel blieb. Und der auch nur, bis er dann selber die Schule hat wechseln müssen, so dass ihm dann plötzlich keiner mehr blieb, niemand mehr aus dieser ersten Zeit.

Allerhand Augen, die ihn nach den Ferien in dieser neuen Schule anblickten. Zwölf wird er da gewesen sein, dreizehn. So gar nichts Freundliches in diesen Augen, vielmehr Missmut, Misstrauen. Vertrauen jedenfalls nicht und keinerlei Gewohnheit, er war für diese neue Klasse einfach in keiner Hinsicht gewohnt. Keine gemeinsamen Kindergeburtstage, kein Lungern vor dem Fernseher, kein über Gatter gestiegen sein, sich Hosen zerrissen, gegen Automaten getreten haben.

Es war also in dieser Zeit und diesem heiklen Alter, in dem ohnehin allerhand Gefühlsproportionen durcheinander geraten, nicht leicht für ihn, auch das noch zu einem guten Ende zu bringen, Kontakte zu knüpfen, wie nebenbei ein wenig Freundschaft herbeizuführen. Das ist ihm in dieser neuen Klasse nie und bis zum Ende nicht gelungen. Er hat von da ab immer sehr am Rande gestanden, fassungslos, so könnte man sagen.

Schüchtern, das noch nicht einmal, es war nur einfach kein Hineinkommen in diese Klasse. Da hätte er sich grün und blau rennen können an dieser Kühle und Kälte, die ihm da entgegengeschlagen ist. Er hat sich auf sein Fahrrad geschwungen, das hat er tatsächlich einige Male getan, und einfach irgendwo bei einem seiner neuen Klassenkameraden geklingelt, dass sie ihn dann natürlich haben hereinlassen müssen, aber auch das hat nicht geholfen. Auf den wenigen Partys, zu denen er eingeladen wurde, hat er dann schon erst recht nichts mehr richtig machen können. Und natürlich allerhand Spott, und dass sie ihn ausgelacht haben. Er weiß zum Beispiel noch, daran erinnert er sich gut, wie er auf einer dieser Partys einfach zu hüpfen begonnen hat. Sehr sexy ist das ja nicht, das sieht er heute, aber damals hat es ihm viel Freude gemacht, so hoch wie möglich zu springen und dann und wann an einen Tanzenden zu geraten. So ein Hüpfen in der Menge, auch heute noch erscheint ihm das wunderbar.

Und die Sache mit den Frauen. Mit Frauen war das schon immer so eine Sache. Er jedenfalls hat nie gelernt, wie man etwas anstellt mit ihnen, wie man es anstellt. Und mittlerweile, denkt er, ist es vielleicht auch zu spät. Wer, denkt er, von den Frauen, denen er so über den Weg läuft, würde sich verlieben können in einen, der in diesen Liebes- und Geschlechtsdingen so unsicher, so unbeschrieben ist wie er.

Immer hat er alles verpatzen müssen. Beinahe jedes dieser wenigen Male ist er sich selbst dazwischen geraten, hat manche Zutraulichkeit zurückgewiesen, es hat ihn manche Zutraulichkeit so verwirrt, dass er sie einfach hat zurückweisen müssen. Schon beinahe in ein Gekuschel hatten sich manche Zutraulichkeiten hinüberbewegt, und doch ist es ihm immer gelungen, auch da noch etwas zu zerstören und aus dem Gleichgewicht zu bringen. Und das dann wieder zurechtzurücken, das war nun seine Sache nicht. Heute wäre das anders, heute würde ihm das Zurechtrücken leichter von der Hand gehen. Schwerer hingegen das Gekuschel, das Gekuschel und Weiteres würde ihn heute vermutlich noch mehr verwirren als früher.

Na gut, die Erstbeste, irgendeine Erstbeste neben sich ins Bett zu legen, das ginge natürlich auch, das weiß er recht gut. Aber jetzt, nachdem er so lange gewartet hat, will er von einer Erstbesten natürlich nichts wissen. Er müsste sich ja sonst fragen, warum er mit so einer Erstbesten nicht schon ein paar Jahre zuvor oder noch früher angebandelt hat, das müsste er sich dann wirklich fragen.

Und wirklich einsam ist er ja nun nicht. Zum Plaudern, zum Ausgehen, zum Fahrradfahren und Minigolfspielen findet sich immer wer. Freunde finden, Bekannte, das findet er heute recht einfach. In Berlin, seit er da lebt, seit fünf Jahren also, hat er schon reichlich Freunde und Bekannte um sich zusammengetragen, eine ganze Menge. Ein wenig stolz ist er darauf schon – da ertappt er sich manchmal dabei – dass es ihm kürzlich gelungen ist, genug Leute für eine gar nicht so kleine Geburtstagsparty, für ein gar nicht so kleines Fest zusammenzusammeln.

Heute hat er allerdings auch einen Beruf, um den er von allerhand Leute beneidet wird: Musik und Computer, damit befasst er sich. Und viel Zeit muss er dafür gar nicht aufwenden und kann sich trotzdem ein anständiges Leben leisten. Er lebt auch ohne Frau und Beziehung, nur mit seinen Freunden und Bekannten sehr gut, das findet er. Und wenn er dann arbeitet, tut er das gerne, meistens, und mit Menschen, mit denen er, manchmal auch nicht, aber doch meistens gerne zusammenarbeitet. So hat er es sich schon damals gedacht, und heute hat er das erreicht. Heute hat er sich allerhand erobert. Und auch, wenn Berlin nicht seine Stadt ist, ist es eine Stadt, in der er sehr gerne lebt.

So ein Dorf- und flirrendes Modeleben

Eva

Natürlich kann sie auch wieder zurückkommen und für einige Tage dort leben, jetzt, da sie erwachsen ist, eine eigene kleine Wohnung hat, einen eigenen Freund, ein Konto, auf das monatlich Geld überwiesen wird, nicht großzügig, aber doch genug. Natürlich kann sie also nach Hause zurückkommen für ein paar Tage, eine Woche, auch über Weihnachten. Dann sitzt sie da herum, liest in den Sesseln herum, trifft ein paar Kindheitsfreunde, Klassenkameraden in der seit jeher angesagten Kneipe am Ort. Dann lässt sie sich belehren und belehrt ihre Eltern, wie heute und jetzt eine Jugend und ein Erwachsensein auszusehen hat, aussieht. Sie räkelt sich in den Sesseln, auf dem Sofa und ist wieder ein Kind. Sie lässt sich bemuttern und füttern, sie geht mit ihren Eltern zu Kulturveranstaltungen, sie geht mit ihrer Mutter zu Lesungen und Konzerten. Ihre Mutter ist froh, eine so erwachsene, so lebendige, so engagierte und politische, höfliche und selbstbewusste Tochter zu haben. Sie wiederum ist froh, so eine Mutter zu haben, so eine gepflegte, gut gekleidete, künstlerisch engagierte und kreative, so eine werkelnde und übermütige, manchmal belehrende, aber immer gepflegte Mutter zu haben. Ihre Mutter ist das eine Schmuckstück in ihrer Elternsammlung, der Vater das andere. Hübsch, wie er ist, ist er zum Vorzeigen und Ausstellen sehr geeignet. Ein schnuckelig hübscher Vater, jetzt mittlerweile schon ein wenig älter, die Haare an den Schläfen grau, die Haare grauer und älter, aber immer noch einer, der bei ihren Freundinnen Eindruck macht, dass die zu flirten beginnen. Heute fühlt sie sich manchmal zu Hause, wie sie sich früher selten zu Hause hat fühlen können. Früher war sie fünfzehn und sechzehn und hatte keinen Führerschein, früher musste sie früh zu Hause sein: mit dem Fahrrad aus der Stadt über Feldwege zurück in ihr Dorf, da musste sie ganz einfach früh zu Hause sein, und war es dann oft nicht. Das war nicht leicht, für ihre Eltern nicht, für sie nicht. Feiern und herumstehen mit Leuten, das war ihr immer schon wichtig. Und ihre Haare waren ihr wichtig, ihre Kleider. Mit solchen Kleidern und solchen Haaren wollte ihre Mutter sie nicht vor die Tür lassen: bitte, bitte nicht, auch flehend, das kam vor. Mit solchen Haaren und Kleidern hat sie sich zu Hause und nirgendwo Freunde gemacht. Aussehen zum Beispiel, wie Michael Jackson auf einem Foto, die Haare kurz und schwarz und die allerkleinste Dauerwelle, dass sie wirklich zum Anbeißen und Aufessen aussah, so fand sie, und die Hosen, die nicht zu den Blusen passten, und das Jackett nicht zum Rock, dass sie wirklich zum Anbeißen und Aufessen aussah, so fand sie. So ein wildes Dorf- und Modeleben hat sie also geführt, eines, zu dem sie heute nicht mehr die Zeit hätte. Nur ihre Haare machen ihr immer noch Freude, mal kurz, mal lang, dunkel und hell. Heute allerdings nichts mehr überaus Auffälliges. Auch sonst eher klassisch, in Jackett und Mantel, in Herrenschuhen, gerne in Schwarz, immer Hosen, selten Röcke, Kleider nie, auch im Sommer nicht, auch nicht, wenn es sehr heiß ist, schon gar keine Hemdchen, keine Spagettiträger-Shirts, schon gar nicht so etwas, dass sie sich ganz nackt und ungeschützt fühlen müsste, kleiner. Hosen und Jackett, elegant, auch gerne einmal verwegen, Röcke selten, Kleider nie. So ein Dorf- und flirrendes Modeleben, natürlich hängt ihr das immer noch nach.

Auf den Familienfotos sieht sie so nicht aus. Auf den Familienfotos hat sie immer die Haare zurückgesteckt, und es ringeln sich Löckchen über den Ohren, hat sie einen Haarreif im Haar, niedlich strahlende fünfzehnjährige Augen. Auch um den Mund ein Strahlen, das ganze Gesicht strahlt. So ein Teenager, der den Eltern viel Freude macht, auch Geige spielt und in der Schule gut zurechtkommt. Auch viele Freunde hat, so ein Teenager. Eine Strickjacke mit Perlmuttknöpfen, über der sie hinlächelt, Blusen, Hosen und Blusen, da und dort Schwarz, elegant zu Konzerten. Eine Schönheit, nicht eitel. Ein Lächeln ganz von innen heraus. Lächeln, hat ihre Mutter gesagt, jetzt lächeln, und dann einen lächelnden Schnappschuss gemacht, auch ihre Tante, die Schwester ihrer Mutter, ist so, dass sie beide immer fotografieren, nicht nur auf Reisen, die strahlenden Gesichter der Kinder und Ehemänner. Fotos also aus der Zeit, als sie ein Kind, ein Teenager war, davon gibt es reichlich. Sie war ein hübsches Mädchen, in ihren schwarzen, transparenten Konzertkleidern, eine schöne, erwachsene, junge Frau, selbstbewusst, die Geige in der einen, den Bogen in der anderen Hand. Auch adrett in dieser gehäkelten, weißen Netzjacke mit breitem Kragen. Und so ein Mädchen, achtzehn ist sie da, sehr fröhlich, oft laut und spielt Geige, verliebt sich in einen Jungen, der vier Jahre jünger ist, vierzehn ist er, dreizehn dreiviertel, verliebt sich in den, dass es bald die ganze Schule weiß, dass bald die ganze Schule spottet, dass es bald dieser Junge weiß, dass er geschmeichelt, beschämt und überfordert ist. Hallo, ruft er, und ihren Namen, und es gefällt ihm manchmal, auch nah an sie heranzutreten, wenn er morgens in die Schule kommt und sie dort irgendwo stehen sieht. Manchmal sprechen sie miteinander, tauschen Musikkassetten, Oasis, ein hübscher Junge, ganz zart. Wo die anderen eine Nase haben, hat er eine kleine, zierliche Nase. Wo die anderen Augen haben mit dichteren Brauen darüber, sind seine groß, unschuldig, blau. Wo andere schlurfen, cool, breitbeinig gehen, geht er leicht, mühelos, uneitel, er achtet nicht auf sich, so ist er, als er vierzehn ist. Natürlich macht sie ihm Angst. Natürlich küsst er sie am Abend hinter einem Strauch und kommt dann nie mehr darauf zurück. Natürlich machen sich seine Eltern Sorgen um ihn und verbieten ihm den Umgang mit ihr. In der Schule wird er von seinen Freunden bewundert und gehänselt.

Ihre erste große Liebe, eine große Erinnerung, das wäre schon etwas. Dafür hat sie schließlich viel Spott aushalten müssen und ausgehalten. Das macht so eine Liebe ja teuer, und unglücklich war sie auch. Manchmal sieht sie ihn heute noch, läuft er ihr über den Weg in der Fußgängerzone und ist jetzt einer, der zur Bundeswehr gegangen ist, der es sehr betrieben hat, in München studieren zu können, immer noch hübsch, ein dreiundzwanzigjähriger Junge, überaus braungebrannt, trägt gerne das Hemd leicht offen. Hey, Baby, schon als er fünfzehn war und sie neunzehn, als er sechzehn war und sie zwanzig, hat er sie manchmal so begrüßt, ihr von weitem so zugenickt, aus dem Kreis seiner Freunde heraus. Dennoch war und blieb sie damals sehr in ihn verliebt.

Manchmal, wenn sie wieder einmal zu Hause ist, fragt sie sich, was ihre Mutter noch und immer weiter kaufen und anschaffen kann, was sie noch malen und an Bildern an die Wand hängen kann in den nächsten Jahren, so groß ist das Wohnzimmer ja nicht. Blaue Vasen und solche, die obendrein einen schweren Goldrand tragen. Die leichteren Vasen und Flaschen, durchscheinend, unbemalt, auf den antiken polierten Schränken. Sessel, in denen zu liegen nicht gerne gesehen ist, da und dort auch ein Tischchen, das leicht zerkratzt.

Manchmal ist sie froh, dass ihre Mutter sich Kaschmirpullover und Jacken kauft, die ihr dann schnell zu warm sind oder kratzen, die ihre Tochter dann erbt und mitnehmen darf – im Frühling erbt sie Blusen und Pullover vom Herbst – und manchmal dann möchte sie nicht Acht geben auf die Kaffeetassen, das teure Geschirr, wenn sie es auf so einen Tischchen stellt, manchmal möchte sie lieber einfache Käsebrote, Salamibrote essen und nicht ein Abendessen, bei dem die Radieschen zu Blumen geschnitten sind. Sie strahlt und lacht heute, wenn ihre Mutter das tut, ihr so einen Teller hinüberreicht, sie zum Essen ruft, und da steht schon alles, auf jedem Teller allerhand ausgewogen Farbiges. Als sie fünfzehn war und sechzehn, hat sie dagegen nur anschreien können. Natürlich ist sie froh, dass sie nicht hat gegen etwas anderes anschreien müssen, dass sie sicher aufgewachsen ist. Dass sie zu sicher aufgewachsen ist, wem das heute noch vorwerfen? So war es einfach nur, dass sie keine Kinderbücher mochte, in denen die Eltern sich gut vertrugen, sich liebten und ihr Kind frohgemut mit dem Schulranzen zur Schule wanderte, in denen Blumen, Wiesenblumen, auf dem Frühstückstisch standen, der unter einem Kirsch- oder Nussbaum aufgestellt war. Natürlich hat sie lieber von Atomschlägen gelesen und von Kindern, die missbraucht worden sind, bettelarm waren, hungerten, geprügelt wurden, einen Alkoholiker zum Vater hatten, einen, der im Gefängnis gewesen war, deren Mutter an Krebs starb, die blind oder taub waren, die einen Arm bei einem Unfall verloren hatten, ein Bein, an ihrer Heroinsucht starben.

Heute ist sie so und so. Sie ist eine Tochter, auf die ihre Eltern wirklich stolz sein können, eine Tochter, um die ihre Eltern sich keine Sorgen machen müssen, das müssen sie wirklich nicht, sie ist ihnen da eine große Freude.

Nichts davon erzählt er zum ersten Mal

Christian

All das ist ja nicht neu. Nichts davon erzählt er zum ersten Mal. Was er erzählt ist lange geronnen, zum Schneiden dick, sagt er. Aber, na gut, warum nicht – die Narbe hier, auf seiner Handfläche, die vielleicht, von einem Kleiderbügel mit einem vorstehenden Nagel rührt die her. Seiner Mutter ist nicht selten die Hand ausgerutscht, Ohrfeigen hat er viele einstecken müssen. Seine Mutter, enorm erregbar, wirr im Kopf, vielleicht auch so. Ihre Kinder ihr Ein und Alles: Chrissischweinchen, mein Schweinigel, sehr zärtlich, und dann wieder diese Einbrüche und Ausraster. Auch rund herum in der Nachbarschaft hat sie sich mit so etwas nicht beliebt gemacht. Er sieht sie noch vor sich, wie sie im Bademantel und schlecht frisiert an Türen hämmerte, sich lautes Musikhören verbat, den Kinderwagen, der im Weg stand, mit der Polizei drohte. In ihrem Job war das nicht anders, auch da geriet sie immer schnell in ein Gefecht, fuhr Kriegsgerät auf. Also sind sie häufig umgezogen. Alles hinter sich lassen und einen Neuanfang machen, so sah das die

Mutter. Dann der Vater, verschwand im Jahr seiner Geburt und ward dann lange nicht mehr gesehen. Kein Wunder, so eine Frau ist auch wirklich nichts für jedermann, denkt er sich. Besuchsrecht hatte der Vater keines, da war die Mutter davor. Nur einmal heimlich, sieben wird er da gewesen sein, hat der Vater ihn besucht. Hat mit ihm und seinem kleinen Hund, seinem ansehnlichen Auto einen Ausflug unternommen, wie gesagt heimlich. Vor der Mutter war das natürlich die schlimmste Sünde. Und die ältere Schwester hat aus Eifersucht alles verraten: der Bruder, der einmal einen Besuch vom Vater empfängt, ist natürlich der Schwester, die nie einen empfängt, entsetzlich weit voraus. Dann keine Besuche mehr. Erst als er sechzehn ist, sieht er ihn wieder, betreibt es jetzt von sich aus. Der Vater, eine Entdeckung, so gebildet, so viele Bücher, früher Schauspieler, jetzt in einer kleinen Villa und im Druckgewerbe. Und mit entschiedenen Meinungen, zu allerhand angeregter Diskussion mit dem Sohn bereit. Leider verlor sich das später. Sehr bald nach diesem Treffen zieht er zum Vater, zum Alten, wie die Mutter ihn nannte, und zu dessen Alten. Noch am Tag seines Auszugs verhält seine Mutter sich wie immer, tief verletzt und also wütend, ein reißendes Tier. Alles niederwerfen, was sie bedroht, das war schon immer so, so auch den Sohn, der dann am Ende, auf ihr sitzend, ihr seinen Zimmerschlüssel aus den Händen ringen muss, um an seine Sachen zu kommen. Ich bring dich um, ich hole meinen Revolver, den sie natürlich nicht hatte. Der Möbelwagen wartend vor der Tür.

Heute hat er keinen Kontakt mehr zur Mutter, zu anstrengend, zu aufregend. Immer wieder ist sie herzlich, flötet, und hast du's nicht gesehen, gerät sie ins Brüllen, ins Aufbäumen. Das will er nicht mehr, also meldet er sich nicht mehr und die Mutter auch nicht mehr. Er löst, seit er denken kann, alles über Freundschaften, kaum einmal über Beziehungen. Lieber Freundschaften, sein ehemaliger Mitbewohner zum Beispiel, den kennt er, seit er zwanzig ist, auf den verlässt er sich. Und auch sonst, wie gesagt, kann er recht gut mit Menschen, er erzählt ja gerne und schafft sich also Freundschaften, wo er geht und steht.

Als sein Vater stirbt, ist er vier. Wie sie ihren Kindern das beibringen soll, fragt die Mutter einen Psychologen. Erst erzählen, wenn die Kinder von sich aus nachfragen, sonst nicht. Wann besuchen wir wieder einmal den Papa im Krankenhaus?, fragt er irgendwann also. Der ist tot, sagt die Mutter, wie nebenbei. Von da ab hält er es für möglich, dass alle jederzeit tot sein können, die Großeltern, die Onkel und Tanten zum Beispiel, wenn er sie lange nicht gesehen hat.

So ein Samstag und halber Sonntag

Nicole

Sie ist leise, laut jedenfalls nicht. Oder still? Sie geht schnell und hart, die Haare streng hinter die Ohren gekämmt, manchmal mit Handtasche, grauer Hose, Bluse, so geht sie aus. Seit einigen Jahren in Frankfurt. Aufgewachsen in einem kleinen schwäbischen Ort. Einem sehr kleinen Ort. Da zu leben, das war nicht immer leicht. Immer zuerst aus diesem Ort sein und dann erst sie sein. Zuerst immer aus diesem Ort sein und sich darüber wegheben müssen, in der Schule, in der Klasse, so sind Kinder, und später, wenn sie älter sind, auch noch. Heute ist sie froh, dass sie das hinter sich hat. Freundinnen haben ist gut. Aber nicht mehr sich beliebt machen müssen. Sich beliebt machen, das braucht sie jetzt nicht mehr.

Manchmal, wenn sie wieder dort und zu Hause ist, scheint es ihr schön, friedlich, das Haus ihrer Eltern reichlich, viel Platz überall bis zum nächsten Hügel und weiter. Aber dann wieder am Arm genommen und in das Leben ihrer Mutter hineingerissen werden. Was die gut findet und was nicht. Ihr Tagesplan ist wieder der ihre: Einkaufen, sich besprechen, fernsehen, kochen, aufräumen, alles das. So hat ihr Leben damals schon weit in das ihrer Eltern hineingereicht. – Ein Haus bauen. An diesem Haus bauen, jeden einzelnen Samstag. Dort ein Anbau und da ein Wintergarten. Das war ihrem Vater das Allerwichtigste. Und also kennt sie sich noch heute sehr gut aus mit Lacken, Fliesen, Klebern, Fugen. Heute interessiert sie sich dafür. Damals nicht, damals war es ja ihr Samstag, der Samstag und manchmal auch der halbe Sonntag, manchmal auch abends und in der Woche. So ein Samstag und halber Sonntag und manchmal auch in der Woche, so unwichtig ist das ja nicht. Und sie wäre vielleicht auch einmal lieber mit der Freundin in die nächste Stadt oder Fahrrad gefahren an so einem Tag.

Heute macht sie sich darum keine Gedanken mehr, was war, ist eh vorbei, und was jetzt ist, ist ganz ihres und wirklich schön. Sie hat sich sehr in das hier hineingelebt. Sie hat einen Freund, der ganz erstaunlich zu ihr hält, sie liebt, sie bewundert. Es gefällt ihr, was sie tut. Sie lernt sehr viel. Sie mag alles, worüber sich genau und präzise nachdenken lässt. Der menschliche Körper zum Beispiel, und wie er aufgebaut ist. Das alles dann auch in Latein. So einer Körperlandkarte nachgehen, da Bescheid wissen, da sich hineindenken, manches erahnen, das ist etwas Wunderbares. Darüber spricht sie mit ihrem Freund, und ihr Freund darüber mit ihr. So sind sie, dass sie sich fortwährend über solche Dinge unterhalten. Die Füße hochgelegt, unterhalten sie sich über solche Dinge, über Spirometerglocken, Einatmen, Ausatmen und die CO_2-Konzentration mit und ohne Atemkalk, über Enzyme sprechen sie und woran ein Herzinfarkt sich früh erkennen lässt. Kleine Spiele das, sich testen, und natürlich weiß der eine gerne mehr und besser Bescheid als der andere. Sich da in den Schwitzkasten nehmen, Recht haben, mal der eine, dann der andere, das verbindet.

Darüber nachzudenken, was war, also wirklich, das ist müßig. Natürlich hat sie eine Schwester, wie die meisten, der vieles besser gelingt als ihr, die jünger ist, die an ihrem Elternhaus beinahe gar nichts hat tun müssen, die finanziell beträchtlich unterstützt wird. Viele Freunde, viele Männer und eben Disko. Manchmal ärgert sie das, und dass sie sich immer sehr bedacht hat verhalten müssen. Dass sie nie hat herumschwirren dürfen, unvernünftig sein. Aber so wie es jetzt ist, damals ja, aber so wie es jetzt ist, so kann es bleiben. Sie richtet sich ein und wird sich ein Nest bauen. Wer weiß, wie ihrer Schwester das gelingen wird. Wie will ihr das gelingen? Da muss einmal nur der Mann nicht danach sein, und schon ist es passiert. Sie hingegen kann alles, einiges.

Furcht, da ist er schon immer leicht anzustecken gewesen, auch heute noch, leider ist das so. Kommt wer daher mit einer Furcht, einem ängstlichen Unbehagen, seine Freundin zum Beispiel, ein Walddunkel, das sie entsetzt, schon findet er sich eingesponnen von dieser Furcht, als sei es seine eigene, fühlt sich bedroht und verkleinert, beginnt den Fürchtenden im Fürchten weit zu überholen. Nichts davon passiert, wird ihm eine solche Furcht, ein ängstliches Unbehagen verschwiegen. Wird es ihm verschwiegen, eilt er durch so ein Walddunkel, ohne sich nur einen Augenblick zu grausen und zu entsetzen.

Ein erhebliches Dokumentations- und Archivierungsbedürfnis

Ansgar

1 Jetzt lebt er mit Frau und zwei Kindern, darauf war er wirklich nicht vorbereitet. Noch vor zwei Jahren, vor einem Jahr, war so etwas nicht abzusehen: zwei Kinder und eine Frau. Da hat er noch in aller Stille in seinem Haus gewohnt, gewerkelt, gewohnt, dem Familienhaus, mit den von der Mutter an die Verandawand gemalten Palmen, mit all den Erbstücken, der Seemannstruhe des Großvaters, dem hohen gedrechselten Spiegel im Schlafzimmer, den Tischen und Kommoden aus dem achtzehnten, dem neunzehnten Jahrhundert und an den Wänden Star Trek-Plakate, so war das noch vor einem Jahr. Jetzt nicht mehr, jetzt hat die Frau gehörig aufgeräumt, Ikea hineingeschleust in seine Wohnung, Truhen, Kommoden, immer dieses dunkle Holz, lagern jetzt auf Dachböden, in den Kellern von Verwandten. In keinem Familien- und Erbstückmuseum zu wohnen, danach war der Frau, als sie schließlich bei ihm einzog mit ihrem kleinen Sohn, und lebt da jetzt, und hat

gerade den zweiten Sohn geboren, vor zehn Tagen, seinen Sohn, mit kleinen Händen und Füßen, die Haut noch ganz faltig und rot – dass tatsächlich einiges an Selbstbewusstsein nötig ist, vor diesem Wesen nicht ständig auf der Lauer zu liegen, zu überwachen, ob es auch wirklich genug trinkt und schläft und atmet. Er hat dieses Selbstbewusstsein, heute hat er das und ist so Gott sei Dank geworden, dass er das rosigrote Wesen jetzt tätschelt, ihm den Kopf, den Nacken stützt, es herumträgt, in die Kuscheldecke gewickelt, ohne Angst. Ein selbstbewusster Vater, ganz selbstverständlich tut er das heute, nach diesen zehn Tagen schon, als sei dieser frisch entstandene Mensch in diesem Haus keinerlei Neuerung. So hat er auch die Geburt entgegengenommen, als sei dies nicht das überwältigende Wunder, als das es ihm von allen dargestellt worden ist. So ruhig ist er, so ist er einfach, dass er dieser Geburt wie von fern beiwohnen konnte. Neugierig, erfreut – überwältigt, zitternd, das nicht, dass er für manchen da eine Enttäuschung war. Das Leben ein Fließen, Vater werden lediglich als ein Teil davon. Die Geschwindigkeit, in der sich das alles ergeben hat, die spürt er gar nicht mehr. Dabei war es lange wirklich nicht abzusehen, geplant war das alles ja nicht, wie nie etwas wirklich zu planen ist. Alles fließt, so sieht er das, die menschliche Seele, seine Seele, obenauf auf diesem Strom treibt sie ohne jede Handhabe, machtlos, mit neugierig weit offenen Augen.

Sich nicht wehren, nicht stemmen, dann folgt die Zufriedenheit auf dem Fuße. Sich nicht wehren, nicht hadern, und das hat er auch wirklich nie und kaum einmal getan. Nicht als er sich verzehrt und gesehnt hat nach seiner Jugendfreundin, seiner ersten Liebe über viele Jahre, die ihn immer wieder kalt angeschaut hat, abgewinkt hat, wenn er auf Liebe und Leidenschaft zu sprechen kam, alle Frauen, so war das. Nicht als die Eltern sich trennten, sich schließlich scheiden ließen, und stoben und spritzten weg, aus dem gemeinsamen Haus, der Vater nach München, die Mutter nach Frankfurt, dass er als Sechzehnjähriger so auf einmal alleine zu wohnen kam, alleine, erwachsen, bedächtig, in seinem verwinkelten, düster verwohnten Kindheitshaus. Die Großeltern gegenüber wuschen seine Wäsche und kochten für ihn die drei Jahre, die er noch zur Schule ging.

Und er blieb dann da auch wohnen in diesem Haus, mit den von der Mutter in seiner frühen Kindheit an die Verandawand gemalten, gepinselten Palmen, lebte und schrieb da an seinem Lebenswerk, seinem Tagebuch und ging seinen Computerbasteleien, Computerarbeiten nach. Ein wohl organisiertes und ausgebautes Leben, geruhsam, und es hätte so auch weitergehen können, die nächsten zehn, zwanzig, fünfzig Jahre hätte es durchaus so weitergehen können. Es ist dann aber nicht so weitergegangen. Er hat ja seine Frau kennen gelernt, und sehr schnell diesen Sohn angesetzt in ihr, dass sie sich vor kurzem zu einer Heirat entschlossen.

Familie und Frau, so ist das heute, dass er sehr viel seltener als früher zum Schreiben kommt. Und tritt heute aus seinem Arbeitszimmer, direkt hinein in Familie, zwei kleine Söhne und eine Frau.

2 Und all das ist ja jederzeit nachzulesen in seinem Tagebuch. Seit er vierzehn war, hat er da alles notiert und aufgezeichnet. Die ersten unreifen Gefühlgedanken, das Schwanken um die eigene Persönlichkeit herum, Essen, Schlafen, Kino- und Schulereignisse, alles hat er damals schon notiert und aufgeschrieben. Ein erhebliches Dokumentations- und Archivierungsbedürfnis, so sieht er das, so sieht er sich, als künstlerische Persönlichkeit, die einfach alles aufschreiben muss, alles aufbewahren. Auch Briefe, die er bekommt, werden so aufbewahrt, gescannt und abgespeichert, und was ihm auf den Anrufbeantworter gesprochen wird, wird abgespeichert und verlinkt.

Angefangen hat das, als er heimlich das Tagebuch einer Freundin las. Wie die da, dreizehnjährig, vom Tod ihres Kaninchens schrieb, dass er sich sofort in sie hineinversetzen konnte, mitleiden, das hat ihn beeindruckt, erregt. So etwas auch zu betreiben, das schwebte ihm von da an vor. Auch sein Leben sollte von da ab dokumentiert sein, dass es immer möglich wäre, sich weiterzureichen, an eine Freundin zum Beispiel, an diese Freundin zum Beispiel, in die er damals sehr verliebt war, dass auch sie Anteil nähme an seinem Leben, wie er an dem ihren, so dachte er sich das. Heute hat sich das natürlich verbraucht, heute ist es nicht mehr diese Freundin, auf die er hinschreibt. Heute beteiligt er andere an seinem Leben, gibt ihnen zu lesen, was er geschrieben hat, Freunden, Freundinnen, lässt sie hören, was ihm der ein oder andere auf den Anrufbeantworter gesprochen hat, so ist das heute.

Es ist da allerdings diese Unsicherheit, darüber denkt und grübelt er fortwährend nach, wie all das, was er da aufgeschrieben und aufgezeichnet hat – allein die Textdateien kämen ausgedruckt auf fast zehntausend Seiten, alles verknüpft durch mehr als sechzigtausend Links –, sicher zu konservieren wäre, dass in hundert und mehr Jahren sein Tagebuch immer noch genau so zu lesen wäre. In hundert, in tausend, in mehreren Millionen Jahren soll und muss, so wünscht er sich das, sein Tagebuch immer noch einsehbar, lesbar sein. Es muss also eine Technik des Konservierens ersonnen werden, eine erschwingliche Technik, die einen solchen Bewahrenszeitraum ermöglicht, davon träumt er.

Da mitzuarbeiten, das wäre das Schönste. Dafür müsste er in die USA reisen, dort leben. Dort gibt es zwei Institute, die erarbeiten derlei, da mitzutun und eingestellt zu werden, das wäre wirklich wunderbar. Aber dazu wird es wohl nicht kommen. Er hat ja jetzt eine Familie. Seit einem Jahr hat er jetzt eine Familie und Frau. Der zweite Sohn, sein

Sohn, gerade geboren, verhindert so etwas natürlich. In die USA zu gehen, zu reisen und die Möglichkeiten langfristigen Archivierens voranzutreiben, das hat dieser Sohn erheblich erschwert. Vielleicht wenn der dann erwachsen ist, wenn der und der Adoptivsohn dann beide erwachsen sind, dann vielleicht, das kann er sich vorstellen, wird er Frau und Familie verlassen und ein neues Leben anfangen, das dann ganz im Zeichen des Archivierens steht, das schwebt ihm heute vor.

Einmal schreibt sie an den World Wildlife Fund einen Brief. Sie sei schwer enttäuscht, schreibt sie, dass sich der ›Verein‹ beim Verkauf der Aufkleber für das WWF-Sammelalbum derart unredlich verhalte. Sie habe bemerken müssen, dass sich manche Aufkleber in den Sammeltütchen im Übermaß fänden, andere hingegen so gut wie nie. Eine Sammlerin wie sie sei also gezwungen, Tütchen um Tütchen zu kaufen, um darin am Ende wieder und wieder nur wertlose Doppelbildchen vorzufinden. Sie bitte, dies umgehend zu ändern, sonst sei sie gezwungen, diese unredliche Praxis des WWF unter ihren Klassenkameraden bekannt zu machen und ihren Anwalt einzuschalten. Damals ist sie neun. Wenige Wochen später trifft ein Antwortbrief ein, fünfzig Tütchen anbei. Ein reuiger Brief, so liest sie ihn damals.

Viel sagen und viel tun

Meike

Es fällt ihr nicht immer leicht, so zu sein. So wild ist sie gar nicht, nicht immer. Manchmal ist sie auch müde. Manchmal ist sie so müde, dass sie tagelang gar nicht aufstehen möchte. Die Hose über ihrem Stuhl, nicht aufstehen und diese Hose anziehen und dann in den Tag. Sich auflösen und in alle Richtungen wegschwimmen, wegtreiben, das wünscht sie sich dann. An solchen Abenden in der Kneipe zwischen ihren Freunden ist sie dann still, dann sagt sie kaum etwas. Dabei sagt sie gerne sehr viel, dabei gehört viel sagen zu den Dingen, die sie wirklich sehr gerne tut. Viel sagen und viel tun, so hat sie sich ihr Leben eingerichtet, so dass zum Nachdenken nicht viel Zeit bleibt. Es könnte schließlich passieren, dass bei allzu vielem Nachdenken ihr manches seltsam erscheinen könnte, sie sich seltsam erscheinen könnte. Dass sie auf den Gedanken kommen könnte, dass gar nichts so ist, wie es ist. Dass vielmehr sie nur glaubt, dass manches so ist, dass sie sich aber irrt und gar nichts weiß. Dass sie, wie in diesen Träumen, die jeder kennt, dies nur als ein einfachstes Beispiel, nackt vor aller Augen herumgeht, die ganze Zeit, und alle haben es bemerkt und nichts gesagt. Dass sie sich also aufgeführt hat, und selbst nichts bemerkt hat, ihr ganzes Leben lang nicht. Dass so etwas passieren könnte und ihr vielleicht dauernd passiert, das fürchtet sie manchmal. Aber auch das ist nichts, was sie von irgendetwas abhält.

Anders gekommen wäre gar nichts, das glaubt sie jedenfalls nicht. Manches ist einfach nicht zu erklären. Aber das Älterwerden, vieles schon kennen, vieles erfahren haben, das erscheint ihr doch als eine Wohltat. Sich fühlen in Zeiten, in denen manches nicht sehr gut läuft, in denen sie nicht aufstehen möchte, in denen ihr irgendetwas, irgendjemand einen Schlag versetzt hat, das ist heute sehr viel angenehmer als früher. Heute fühlt sie zwar auch und glaubt, dass nichts besser wird, dass jetzt und von nun an alles so bleibt und schlimmer wird. Aber sie weiß, dass es anders ist, und dann steht sie auf und bleibt nicht liegen. Und alles kostet einfach etwas, deutlich mehr Kraft als sonst, aber es geht. Und dann wird es besser.

Dabei war sie so ein rundes, gut gelauntes Kind, so groß und laut. Immer größer und lauter als die Kinder der Freundinnen ihrer Mutter. Sie hat so viel geweint und auf Elternanwesenheit gepocht und hat gewütet, als sie dann zwei und drei war, dass ihre Mutter immer noch stolz und ängstlich davon erzählt. So viel geweint und gewütet soll sie haben, dass ihre große, stabile Mutter sehr schlank geworden ist in dieser Zeit, zu schlank könnte man sagen, mit Ringen unter den Augen und auch um den Kopf herum, die blonden Haare, damals dunkel und kurz, auch um den Kopf herum sehr schmal und ängstlich. Sie war also lange Zeit sehr groß für ihr Alter, stattlich und laut, und keiner hätte gedacht, dass sie einmal eher klein sein würde, jetzt, da sie erwachsen ist, nicht mehr sehr herausragen würde. Groß ist sie nicht mehr, manchmal vielleicht laut, manchmal vielleicht wild.

Sie hat ihrer Mutter das Leben wirklich schwer gemacht, als sie ein Kind war. Immer diese Wutanfälle, dass sie zum Beispiel nicht ausgehen wollte, nicht ohne ihre warme Winterjacke im Sommer. Und dass sie mit rotem Kopf so lange geschrien hat, dass ihre Eltern es schließlich aufgegeben haben, sie haben wüten lassen und derweil im Nebenzimmer ferngesehen haben. Spazieren gegangen sind sie dann nicht mehr an diesem Tag. Wirklich, sowohl ihre Mutter als auch ihr Vater hatten Angst vor ihr in dieser Zeit.

Später wurde das natürlich anders. Später, sehr bald schon war sie ein vernünftiges Kind, das beinahe nur an Erwachsene gewöhnt war und mit ihnen hervorragend zurechtkam. Die Freunde ihrer Eltern fanden sehr bald schon, dass sie ein Kind ist, das für sein Alter schon wirklich sehr erwachsen ist, mit dem man sich unterhalten kann, Gespräche führen, wirklich schon sehr erwachsene Gespräche.

Schön war das, mit Pferdewagen und sehr vielen Freunden ihrer Eltern in die Bretagne und dort von Strand zu Strand fahren, wild und erwachsen am Lagerfeuer, sie das einzige Kind, sehr umhegt und beachtet.

Sie war so vernünftig und erwachsen und auch sehr stolz darauf, dass sie ›kein Problem‹, sagte, wenn ihre Eltern, da war sie vielleicht fünf Jahre alt, abends ausgehen wollten. Kein Problem, sagte sie, als hätte sie keine Angst. Dabei hatte sie große Angst, so alleine nachts ohne ihre Eltern, und nahm ihre Katze mit ins Bett, sehr gut, dass sie diese Katze hatte, und lag oft wach vor Angst, bis ihre Eltern wieder zu Hause waren. Dann schlief sie ein.

Aber glücklich war sie schon, das glaubt sie, so erinnert sie sich an diese Zeit, in der sie noch nicht zur Schule gehen musste. Auf die Schule freute sie sich sehr, endlich in die Schule gehen zu dürfen, all die Kinder, etwas lernen, erwachsen sein. Dem fieberte sie sehr entgegen. In der Schule zu sein und jeden Tag wieder dort hineingehen müssen, das passte zu ihren Vorstellungen dann aber nicht. Sie erinnert sich an einen Tag in ihrer ersten oder zweiten Schulwoche. Sie kann sich sehen, wie sie da steht an ihrem kleinen antiken Spiegeltisch, den ihr Vater auf dem Sperrmüll gefunden und dann für sie restauriert hat, sie steht da und denkt, dass es sehr traurig ist, von nun an jeden Tag in die Schule gehen zu müssen, gefangen zu sein, nicht mehr frei zu sein. Sie denkt, dass wild sein von nun an nicht mehr so leicht sein wird, dass etwas von ihr erwartet werden wird und dass sie dann da wird hineinpassen wollen, in das, was ihre Lehrerin, die Kinder in ihrer Klasse, sich für sie vorstellen. Wenigstens kommt es ihr so vor, als hätte sie das damals vermutet und gefühlt. Dabei, so schlimm kam es dann erst einmal nicht. Einige Zeit später hat sie sich sogar gefreut auf die Schule, dort hinzugehen, auf die Pausen, ihre Klassenkameraden zu sehen, ihre Freunde. Das ist erst anders geworden, als sie dann auf die höhere Schule kam, nicht sofort, aber irgendwann ist das dann leider anders geworden.

Irgendwie ist es geschehen, dass sie sich mit ihrer Grundschulfreundin überworfen hat. Vielleicht war die ihr nicht mehr gut genug, zu langweilig. Vielleicht auch gar nichts davon. Warum und wie, das weiß sie heute einfach nicht mehr. Vor allem aber hatte sie eine besondere Zuneigung gefasst, das war es wohl, ein Interesse an einer Klassenkameradin, die ihr damals sehr besonders erschien: größer als die anderen, schön, erwachsener, die Eltern reicher, die Kleider ausgewählter, gepflegt. Ein Mädchen, das solche Mäppchen hatte, wie sie jedes Mädchen damals gerne hatte, und Stifte mit Erdbeergeschmack, auch solche Radiergummis. Für sie hat sie sich interessiert und sich gerne in ihrer Nähe aufgehalten, und saß dann auch irgendwann, sehr bald, neben ihr, es ist ihr tatsächlich gelungen, und das dann auch tatsächlich für den Rest ihrer Schulzeit. Wirklich angefreundet haben sie sich allerdings nie. Sie war und blieb nur ihre

Schulfreundin, am Nachmittag besucht haben sie sich dagegen nie. Auch später, als sie älter waren, hat diese Schulfreundin sie nie eingeladen, vielleicht einmal mitzukommen, wenn sie mit ihren Freundinnen und Freunden, alle älter, alle sehr erwachsen, abends ausgegangen ist. Gelegentlich hat man sich zufällig irgendwo getroffen, zufällig waren sie beide in der gleichen Kneipe. Aber am nächsten Tag in der Schule haben sie darüber nicht gesprochen.

Sie hatte sehr gute Noten, diese Schulfreundin, war sehr fleißig. So dass es passiert ist, dass auch sie sich um gute Noten bemüht hat, sehr fleißig wurde, was sie zuvor all die Jahre nie war. Dass es passiert ist, dass es ihr irgendwann nur noch wichtig war, fleißig zu sein und gute Noten zu haben. Also wurde sie anders, sehr anders, als sie früher war, und irgendwann auch sehr dünn. Irgendwann war sie nur noch fleißig und wollte auch mit ihrem Körper, mit ihrem Gewicht alles genau richtig machen. Sie hat also nur noch gelernt und nicht mehr gegessen, und wenn sie ins Ballett ging, und dahin war sie immer sehr gerne gegangen, fühlte sie sich manchmal dann schon sehr schwach beim Heben und Strecken der Beine. Schlank, das war gar nicht das Problem, wenn ihr auch ihr Bauch irgendwann als recht dick erschienen war. Sie wollte vor allem ihr Gewicht nicht unbeaufsichtigt lassen. Wer weiß, so dachte sie sich, es könnte ja so leicht einfach alles, in jeder Hinsicht alles, außer Kontrolle geraten, sie könnte maßlos werden, unbeaufsichtigt.

Abergläubisch, das kam noch hinzu. Zwinkern, dreimal links, dreimal rechts, drei, das war eine wichtige Zahl für sie. Irgendwann war es so, und so blieb es dann auch. Es könnte etwas Schlimmes, etwas sehr Schlimmes geschehen, das befürchtete sie. Da Vorkehrungen zu treffen, darum ging es ihr. Zwinkern, drei Stufen auf einmal nehmen, und dass ihre Stifte und Schulhefte auf jeden Fall immer in der ganz bestimmten Ordnung lagen, die sich als richtig und gut erwiesen hatte, darauf kam es ihr an. Es sollte auf keinen Fall ihr Versäumnis sein, wenn auf einmal etwas Schlimmes geschah, ihr oder einem Freund, irgendjemandem irgendetwas. Natürlich ist all das nicht unbemerkt geblieben. Diese Schulfreundin, daran erinnert sie sich, rückte manchmal am Stapel ihrer Hefte und Bücher, stieß wie zufällig an Bleistifte und Spitzer, dass sie vor Angst und Erschütterung gar nichts hat sagen können, nicht schimpfen, nicht murren, gar nichts. Sie hat nur hastig alles wieder zurechtrücken können. Darüber gesprochen haben sie nie.

Ihre Mutter war in dieser Zeit ihre beste Freundin. Es ist nicht wichtig, hat die ihr damals gesagt, schön zu sein oder schlank. Sie hatte auch niemanden als ihre Mutter in dieser Zeit. Es ist nicht wichtig, schön zu sein oder schlank, so sagte ihre Mutter und sprach doch immer wieder über Frauen, die einfach zu dick geraten waren, die nicht schön waren, nicht schön genug. Das passierte ihrer Mutter von Zeit zu Zeit.

Mit ihrer Mutter hat sie über sehr viel gesprochen in diesen Jahren, den drei, vier Jahren, in denen sie so sehr dünn war und auch sonst versuchte, ihr Leben unter Kontrolle zu halten, immer das Richtige anzuziehen, ihren Glückspullover, ihren Sicherheitspullover, die richtige Hose, einfach alles unter Kontrolle zu halten. Und nichts davon durfte dann in der Wäsche sein, es musste zum Anziehen bereit sein, wenn sie in der Schule eine Arbeit schrieb oder sonst etwas Wichtiges anstand an einem Tag. Sie war ihre beste Freundin, so sah ihre Mutter das, und so sah auch sie das. Nie allerdings hat sie mit ihr über Männer gesprochen, nicht über Jungs, nicht über ihren Vater, nicht über den Liebhaber ihrer Mutter, der bei ihnen ein und aus ging, und nicht über Schönheit, darüber nie. Über vieles hat sie mit ihrer Mutter gesprochen, aber darüber nie.

Irgendwann war sie dann so dünn, dass ihre Mutter ihr drohte, sie ins Krankenhaus zu bringen, wenn sie nicht äße. Und sie hat sich gedacht, dann mach nur, gegessen hat sie nicht. Also war es dann irgendwann so weit, sie haben sie sofort dabehalten. Ein halbes Jahr war sie in diesem Krankenhaus, sie haben sie gefüttert und sie durfte nur liegen. So hat sie viele Kilo zugenommen, bestimmt fünfzehn Kilo, dass, als sie schließlich nach Hause kam, ihre Mutter zu ihr sagte, so dick, also wirklich, sie sei in diesem Krankenhaus nun beinahe zu dick geworden. Beinahe zu dick, fand ihre Mutter, und auch sie fühlte und fand sich zu dick. Also hat sie sofort das Essen wieder eingestellt, als sie wieder zu Hause war, und auch das Tanzen, getanzt hat sie tatsächlich nie mehr seit dieser Zeit. Und es war ja auch ihr letztes Schuljahr und sie wollte auf keinen Fall ihre Matura verschieben, eine Klasse wiederholen, auf gar keinen Fall. Also lernte sie, um auf jeden Fall die allerbesten Noten zu haben, dieses halbe Jahr im Krankenhaus, in dem sie doch sehr viel versäumt hatte, musste aufgeholt werden, das war ihr das Allerwichtigste.

Und es ist ihr unter all dem dann auch gelungen, sie hat dann auch tatsächlich diese sehr gute Matura gemacht und konnte endlich fortziehen, direkt nach Wien hinein, zu studieren beginnen. Alles hätte von da ab sehr leicht sein können, und leichter wurde es ja auch, hätte sie sich nicht diese Gedanken gemacht und eine weitere Unerfreulichkeit eingeleitet. Sie war ja keine Frau geworden, in dieser ganzen Zeit nicht, darüber hatte sie mit ihrer Mutter nie gesprochen. Kaum ein Busen war ihr gewachsen, und ihre Periode hatte sie nie gehabt. Ihrem Körper war ihre Periode einfach nicht wichtig gewesen. Also ist sie, da war sie neunzehn, zum Arzt gegangen, einem Arzt, wie sie ihn niemandem wünscht, keinem jungen Mädchen jedenfalls, das nie seine Periode hatte, und das sich nur einfach gedacht hatte, es sei nun Zeit, daran endlich einmal etwas zu tun. Mein Gott, hatte dieser Arzt geschrien, als sie da vor ihm lag, die Beine gespreizt, wie sieht denn das aus, wie sieht denn das da in Ihnen aus, das ist ja wie Dörrobst da drinnen, das da drinnen ist so klein und konzentriert, wie es bei einer Zwölfjährigen so klein nicht ist. Herr Gott nochmal, hat er sie angeschrieen, als sei das alles wirklich ihre Schuld, ein ungeheures Versäumnis. Und natürlich kann es sein, dass es das auch war, ein ungeheures Versäumnis. Und also hat er ihr Hormone verschrieben, so viele Hormone, dass sie ihren Körper fast zum Platzen gebracht haben, dass ihr Busen angeschwollen und gewachsen und gewachsen ist. Ihr ganzer Köper hat gespannt und ist in alle Richtungen gewachsen in einer sehr kurzen Zeit. Ob dieser Körper, den sie jetzt hat, nun ihr Körper ist, das weiß sie immer noch nicht. Lange Zeit kam es ihr jedenfalls nicht so vor. Sie hatte nicht das Gefühl, dass dieser Körper ihr Körper ist. Und sie hatte auch nicht das Gefühl, dass ihr Körper das Gefühl hatte. Sie hatte Rückenschmerzen und Magenschmerzen. Nichts was sie aß schien das Richtige für diesen Körper zu sein. Und ihre Haut bewegte sich, warf sich zu Pusteln auf und schuppte, wenn ihr etwas nicht gelungen war oder ihr sonst etwas geschehen war. Manchmal aber geschah es auch ganz ohne Grund, dass dieser Körper schuppte und juckte und ziepte. – Jetzt, seit drei oder vier Jahren etwa, hat sich da etwas verändert. Es mag ja sein, dass es nicht ihr Köper ist, nicht der Körper, den sie gehabt hätte, wäre ihr all das nicht passiert. Aber sie findet sich mittlerweile sehr gut zurecht in ihm, sie kann sich nicht beklagen.

Also sagt er seinen Kindern, wenn wieder so ein Besuchstag ansteht: Sprecht leise mit dem Großvater, das hat der gerne. Und auch er spricht dann leise, höflich, gesittet mit dem Schwiegervater. Geschieht dem nur recht, denkt er, dass der von seinen Enkelkindern nichts und nichts versteht. Weigert sich, ein Hörgerät zu tragen. Die reine Unterjochung ist das, nicht Eitelkeit. Die reine Unterjochung, dass der von den Freunden und Verwandten verlangt, laut zu reden, dass alles Gespräch immer zu ihm hin geführt wird, ein Schreien zu ihm hin. So läuft das dann.

Lange hat er sich geärgert, dass seine Frau so einen Tanz aufführt um ihren Vater, seit der verwitwet ist. Dass sie an den Wochentagen für ihn kocht und ihm die Wäsche macht, ihm die Handtücher faltet und in den Schrank legt, ihm das Handtuch am Handtuchhalter austauscht. Schließlich ist er doch gut in Schuss, der Schwiegervater, kann seine Beine und Hände bewegen, wie jeder andere auch.

Heute denkt er sich, wenn seine Frau sich wieder einmal aufreibt für den: Lass sie machen. Solange er für sich keinen Schaden sieht, beklagt er sich nicht mehr. Um zwei brechen wir auf in den Zoo, sagt er seiner Frau dann zum Beispiel, wenn die wieder mal hinüberlaufen will zum Vater, etwas zu erledigen für den. Dann weiß sie, wenn sie nicht rechtzeitig zurück ist, ist er fort und aufgebrochen mit den Kindern. So ist das heute.

Gruppen von Jungs, er in der Mitte

Markus

Immer ist er davon überzeugt gewesen, dass er, so wie er ist, ganz ideal ist. Er ist schließlich klug, er hat diese angenehme Ausstrahlung, er ist ansehnlich. Was soll da passieren, natürlich wird er gemocht. So hat er auch immer Räume betreten, Partys, sagt seine Frau, auch wenn er keinen dort kannte, ganz egal. Er hat wirklich nie gezweifelt, er kann sich nicht erinnern, auch als Kind nicht. Er war immer der Lieblingssohn der Mutter, der Vertraute, früh schon verständig, liebenswürdig und auf dem Schulhof oder drunten im Hof, auch da gab es nie ein Problem. Er hat sich immer durchsetzen können. Mit zehn dann auf eine katholische Privatschule, auch da war er der Held, hat sich nie behaupten müssen. Alles nur liebe Jungs, lieb und schüchtern und er immer recht groß für sein Alter, groß und kräftig, sah immer älter aus und hatte Ideen. Etwas Anleitung, Anregungen, die meisten sind froh, wenn einer das übernimmt, anzuregen und anzuleiten, das erlebt er immer. Sein Theaterstück zum Beispiel, er hat einen Engel gespielt, Raffael,

Kajal um die Augen. Er hat Regie geführt und mitgespielt. Die Patres haben sie unterstützt, das Stück dann in großem Rahmen aufgeführt.

Die Fotos von früher, hier zum Beispiel, Kindheitsfotos: Immer Gruppen von Jungs, er in der Mitte, oder er vor allen, liegend, schwebend, gehalten von seinen Freunden, oder er springt und ist im Sprung aufgenommen, die Arme hochgeworfen, winkend. Springend ist er noch größer, als er es sowieso schon ist, zwischen den Jungs. Und dann die Blicke, schau, wie sie immer zu dir hinschauen, sagt seine Frau.

Wenn er so wie jetzt unter Leuten ist, sich gut unterhält, vergisst er, dass es auch andere gibt, Schlangen, Feinde. Wenn er im Café sitzt, vergisst er das. Er braucht ja auch Auslauf. Dann präsidiert er, sagt seine Frau, dann sammelt er wie früher Menschen um sich, auch die Kellnerinnen bezieht er mit ein. Er weiß, was die eine, die andere bedrückt, das lässt er sich dann erzählen.

Im Beruf ist er jetzt nicht mehr so, das war einmal, früher, aber jetzt nicht mehr. Drei Jahre ist das jetzt her, fast vier, dass er so beschädigt worden ist, dass er so gemobbt und beschädigt worden ist. Sein Büro leergeräumt, alle Schreibtischschubladen, als er aus dem Urlaub zurückkommt. Ein Versehen, hat sein Chef ihm gesagt. Derlei über Monate, dann der Nervenzusammenbruch. Weinend ist er zusammengebrochen. Die Kollegen, ratlos, glauben dem Chef und nicht ihm.

Der Familie wegen hat er nicht gekündigt, aber lange hält er das nicht mehr aus. Am liebsten ganz weg aus dem Unternehmen. Gerne auch etwas Bodenständiges, warum nicht Lagerarbeiter. Alles erscheint ihm im Augenblick besser als das, was er jetzt tut. Er fühlt sich immer noch angeschaut, wenn er ins Büro kommt. Er weiß nicht, was sein Chef erzählt hat, er fragt auch nicht. Das darf nicht mehr seine Sache sein, sagt ihm seine Frau. Die reine Eifersucht, sagt seine Frau, anders ist so etwas ja nicht zu erklären, er hat ja immer einen guten Job gemacht, oder nicht? Und so ein dünnes Kerlchen der Chef und unsicher, sagt seine Frau, und dann du mit deiner Sammelbegabung.

Eine Sammelbegabung bei ihm, ein Leitwolfbedürfnis bei den anderen, mehr ist das ja nicht, Freundschaft ist das ja nicht. Die reine Tierwelt, das denkt er manchmal, schwächeln, Schwäche zeigen, und schon weitet sich der Kreis, schon tritt man zurück. Dem Zuschnappen zuzuschauen. Dem Zerfleischen, so weit möchte er nicht gehen, das klingt übermäßig, wenn das jetzt nicht so klänge, so übermäßig, auch zerfleischen, denkt er, auch das käme hin.

Der Vater, der sie immer Mondgesicht nennt: Wie geht es unserem Mondgesicht? Ein Spitzname, ein Kosename, so will er das sehen. Als junges Mädchen steht sie dann vor dem Spiegel und saugt ihre Wangen ein, bis die fast verschwunden sind, geborgen in ihrer Mundhöhle. Geht an Schaufenstern vorbei, an Spiegeln und saugt sofort die Wangen ein, zieht sie ein. Kaum einmal sieht sie sich anders in dieser Zeit. Ein vornehmes, ein schmalwangiges, ein hohlwangiges Gesicht zu haben, davon träumt sie, als sie ein Mädchen ist.

Was da und dort und rundherum gepflegt wird

Cornelia

Als sie ein Kind war, hat sie davon nichts und nichts begriffen. Jetzt begreift sie beinahe alles, das versteht sich. Als sie ein Kind war, hat sie ihre Eltern, das Haus, den Anbau, die Großeltern, ihr Zimmer im Haus der Großeltern, nicht im Anbau der Eltern, für selbstverständlich genommen. So hatten Eltern, Großeltern zu sein. Als Kind war sie immer da und allen nah, die in Haus und Anbau lebten. Sie trug ihre Spielsachen hin und her, in ihr Zimmer und aus ihrem Zimmer und sah ihrer Mutter beim Bügeln zu, spielte unter aller Augen. Allen nah zu sein, das war ihr Anliegen als Kind.

Immer war sie das Kind, wie es die einzigen Kinder in einer Familie oft sind. Das Kind, das zuhörte und spielte und sich gut betrug, genau so war sie, wie die wenigen Kinder, die ihre Eltern und Großeltern kannten und gekannt hatten, von denen sie gehört und gelesen hatten.

Sich gut zu betragen, war in der Schule, in die sie ging,

hingegen nicht sehr gefragt. Gefragt war anderes. Keine dicken Brillengläser zu tragen beispielsweise, das war sehr gefragt, keine Kassenbrille zu tragen, keine Kassenhornbrille. Haare zu haben, die sich leicht bändigen ließen, lange glatte Haare zum Beispiel, in denen sich Licht fängt, nicht hingegen zerzauste Haare, nicht hingegen viele kurze Locken zu einer Kassenbrille zum Beispiel. Gefragt war sie also nicht, als sie zur Schule ging. Auch nicht von den Lehrern, das kam noch hinzu.

Es ist nicht leicht, so ein Kind zu sein und so ein Kind gewesen zu sein. Lieb zu sein, brav, nicht hübsch, nicht klug. Klug, da ist ihr später einiges gelungen, damals aber nicht, damals wusste sie nichts davon.

Gerne würde sie manchmal ihrem Vater sagen, dass ein Kind so nicht aufwachsen dürfe, dass es zu verhindern sei, ein Kind aufwachsen zu lassen, wie es so heute nirgendwo mehr gepflegt wird. Was da und dort und rundherum gepflegt wird, ist wichtiger, als Eltern glauben, das denkt sie heute. Heute denkt sie oft daran, sieht sich als Kind mit diesen vielen kurz verschnittenen Locken, dieser Brille, diesen zaghaften Augen hinter ihrer Brille. Sieht sich den Kindern in ihrer Klasse erzählen, dass in einem ordentlichen Haushalt, einem von einer ordentlichen Hausfrau geführten Haushalt, keine Spannbetttücher Verwendung finden dürften, nie, so etwas darf einfach nicht vorkommen. Spannbetttücher, unfaltbar und unbügelbar, seien aller Laster

Anfang. Das sieht sie sich erzählen, sieht sich schüchtern und, nur wenn sie gefragt wird, von Volksmusiksendungen erzählen, als sie schon dreizehn und vierzehn ist. Sieht sich so ein Leben anstreben, wie ihre Mutter es führt, ganz bei der Sache in Haushalt und Garten.

Als kleiner Junge ist er einmal auf einem Geländer balanciert, gestürzt, und es ist ihm das Geländer zwischen die Beine geraten. Dieser Schmerz damals, ein Schmerz, dem kaum Herr zu werden war. Seitdem kann er nicht von Hodenverstümmelungen, Hodenversehrungen, Hodenamputierungen hören, ohne dass ihm schwarz wird vor Augen, er nach unten hin weggleitet. Dann versucht er sich vorzustellen, dass seine Hoden eisenverpackt sind, wie in einer Ritterrüstung. Manchmal hilft das.

Und dass er jetzt hier herumsitzt

Philipp

So hätte es nun wirklich nicht enden müssen und dass er jetzt hier herumsitzt. Es ist leicht zu sagen, hätte nicht, aber hat ja leider, dass er jetzt nur noch und ausschließlich hier herumsitzt in seinem Zimmer im ausgebauten Keller des Hauses seiner Eltern. Mit fünfunddreißig Jahren noch immer im Keller seiner Eltern herumzusitzen, ist nichts, was sich vorzeigen lässt. Irgendetwas ist schief gegangen, das weiß er, irgendetwas oder irgendjemand hat ihn da hineingeschoben in dieses Leben, er selbst, irgendwer, seine Mutter. Man hat ihm da hineingeholfen, und er hat sich da hineinhelfen lassen.

Ein dicker Junge ist er gewesen, sah aus wie ein Mädchen, ein reichlich dickes Mädchen mit sehr blasser Haut. Er hat selten mit anderen Kindern gespielt. Hätte er gerne? Er hat schließlich auch gerne gelesen, schon mit fünfzehn hatte er allerhand gelesen, und darin war er wirklich gut. Sonst konnte er wenig, mochte wenig. Zur Schule ging er, weil er musste. Er bekam Noten wie alle anderen, nicht gut, nicht schlecht, aber seine Eltern mussten sich keine Sorgen machen um ihn, das nicht, er hat einfach nur wenig gelernt und lieber gelesen.

Heute machen sie sich Sorgen. Sie sprechen davon, dass sie sich heftige Sorgen machen: Warum sitzt er schließlich immer noch in ihrem Keller herum? Warum hat er aufgehört zu studieren? Warum macht er nicht endlich seinen Abschluss? Seit sechs Jahren sitzt er nun schon herum, kaum einmal ein Gespräch mit irgendwem, oder dass er sich um irgendetwas kümmert, irgendetwas angeht. Dabei müsste er sich doch nur noch zur Prüfung melden. Zu wenig weiß er nicht, dass er die nicht bestehen würde, im Gegenteil. Sein Professor, ein Professor, damals als er noch studierte, sein Professor hatte ihm allerhand zugetraut, ihn gefördert, ihm Türen aufgehalten. Ein geborener Jurist, das nicht, aber Rechtsphilosophie, da hat er sich hervorgetan. Und er hat hervorragend in Seminarräumen herumsitzen können und denken und wenig sagen, nur etwas sagen, wenn es ausgezeichnet und über die Maßen durchdacht war. Dann sagte er etwas und meist mit Erfolg. So hat er viel herumgesessen, sehr früh schon in Doktorandenkolloquien, hat wenig geschrieben, meistens nur herumgesessen, zugehört und selten etwas gesagt.

Schreiben, davor hat er sich gefürchtet: Was einmal da steht und stand, ist nicht wieder zurückzuholen, und was einer dann hernimmt und liest, ist dann wie es ist, nichts mehr hinzuzusetzen, nichts mehr fortzunehmen. Davor hat er sich gefürchtet und schrieb also nur selten etwas, nur von Zeit zu Zeit. Heute sitzt er die ganze Zeit still in seinem Keller, und es ziehen Gedanken durch ihn hindurch, dunkle und dunklere Gedanken, und da dreht er sich natürlich immer tiefer hinein in etwas, und wie wieder daraus hervorkommen, das weiß er wirklich nicht.

Er schämt sich. Alles und jedes ist ihm Anlass zu Scham: Ein Gespräch mit einem Fremden, ein Gespräch mit Freunden, eine Plauderei, der er von fern zusieht, ein Schulterzucken im falschen Moment, ein von keinem erwartetes Lachen. Für sich schämt er sich und für alle andere beinahe ebenso. Wenn das nicht so wäre, er diese Scham irgendwie über Bord werfen könnte, dann vielleicht würde er sich wieder hinauswagen, würde sich wieder trauen, sich am hellen Tag in die Bahn zu setzen, und ein Bekannter, der ihm da zufällig über den Weg liefe und ihn in ein Gespräch verwickelte über sein Examen, sein noch immer ausstehendes Examen, so ein Gespräch mit einem Bekannten, mit einem Freund seiner Eltern, mit einem seiner Freunde und Bekannten, von denen er einige hatte, als er noch studierte, so ein Gespräch könnte ihm dann nichts mehr anhaben.

Er möchte laut sein, laut herauslachen zum Beispiel, wütend einen Feind gegen die Wand drücken, heftig auf etwas bestehen, laut sein und sich nicht schämen dafür, heftig sein, wütend sein, ganz ohne Scham. Er ist immer sehr still gewesen, schon als Kind war er so. Und sehr ängstlich war er, dass ein dünnes Lichtchen brennen musste für ihn die ganze Nacht über. Und natürlich sollte die Tür zu seinem Zimmer immer einen Spalt breit offen sein, sehr lange, bis er zwölf war, blieb sie offen, dann nicht mehr. Als er zwölf war, ist sein Vater schließlich in sein Kinderzimmer gezogen. Und er, weil er diese Angst hatte, schlief bei der Mutter. Seinem Vater gefiel das nicht, seiner Mutter schon, doch, das glaubt er, seiner Mutter schon. Gegen diese Angst hat sie seine Hand gehalten, ihn umarmt und geschützt mit ihrem Körper, einem Körper, der ihm immer, seit er denken kann, Entsetzen bereitet hat. Geekelt hat er sich vor ihrem Körper – ein Junge und seine Mutter, vielleicht war es auch nur das. Heute noch überkommt ihn ein Schaudern, wenn er nur daran denkt. Aber gegen die Angst hat sie seine Hand gehalten, die Mutter, und das war auch sehr gut so. Mit der Mutter das Ehebett teilen, darauf ist er wirklich nicht stolz gewesen, und hatte immer die Furcht, dass irgendwer, vielleicht jemand aus seiner Schule, davon erfährt, dass irgendwer erfährt, dass seine Mutter seine Hand hält, bis er einschläft.

Seine Mutter ist eine kranke Frau, seit er fünfzehn ist, ist sie das. Und auch davor schon hatte sie allerlei und diese und jene Krankheit, schwach war sie immer, musste sich schonen, und er musste sie schonen. Als er fünfzehn war, haben die Ärzte es herausgefunden: Multiple Sklerose, eine kranke Frau also seine Mutter, die tatsächlich aller Fürsorge bedarf. Jetzt sitzt sie im Rollstuhl, seit langem, und ist, so sieht er das, damit beinahe glücklich. All die Fürsorge, und sie hat sich da sehr gut hineingefunden, spricht viel über ihre Krankheit, verschweigt nichts, trifft sich mit Mitkranken und Angehörigen von Mitkranken, gelegentliches Grillen im Garten. Seiner Mutter geht es mit ihrer Krankheit tatsächlich nicht schlecht. Ihn hingegen hat ihre Krankheit immer entsetzt, in seiner Pubertät, in dieser überaus schwierigen Zeit, hat er sich auch damit noch abfinden müssen, hat also viel herumgesessen bei seiner Mutter, zu viel und zu lange und sich nicht fortgemacht, wie es ja eigentlich an der Zeit war, das denkt er manchmal.

Gerne wäre er anders. Etwas tun, wenn es an der Zeit ist, nicht herumsitzen und warten und darüber nachdenken, was vor einigen Jahren da und da schief gegangen ist, was er damals hätte besser machen müssen. Viel zu viel nachdenken und viel zuwenig tun, so findet er sich bestens umschrieben, und so ist er sich wirklich ein Gräuel. Auch darüber denkt er nach, und nichts wird besser davon. Nachdenken und sich Zeit lassen, erst einmal nachdenken und sich Zeit lassen, und dann entscheiden, ob er in diese Klinik gehen möchte: Therapien jeder Art und Sport und Malen, und auch da einen geregelten Tagesablauf. Aus seinem Keller heraus, die Sozialarbeiterin rät zu, seine Eltern raten zu. Eigentlich mag er ja, nur etwas Zeit, um darüber nachzudenken, die braucht er. Und bis dahin im Keller herumsitzen und fernsehen, lesen, trinken. Er hat schon immer gerne getrunken, auch als er noch mehr Freunde hatte.

So ein Geschenk, das denkt er manchmal, dass er tatsächlich einmal einige Freunde hatte, eine Clique, Partys, Zelten fahren, nach Amsterdam fahren, zusammen Kiffen. Keiner hatte sich damals daran gestört, dass er linkisch war, manchmal kleinlaut, manchmal arrogant, manchmal beschämt, oder sich daran gestört, dass es mit seinem Examen nicht recht voranging. Damals hat er gerne getrunken und heute auch noch. Er trinkt bis ihm die Leber weh tut, bis er aufhören muss für ein paar Tage, eine Woche, eine Trinkpause einlegen muss. Das Trinken, meistens hilft ihm nur das.

Von seinen Freunden meldet sich kaum einer mehr. Er hat ja mit jedem von ihnen mehr oder weniger den Kontakt abgebrochen, für jeden von ihnen hat er irgendetwas gefunden. Die Freundin des einen hatte es ihm angetan, in die war er sehr, war er sehr, sehr verliebt gewesen. Und hat sich betrunken und alles gestanden und die Treppe voll gekotzt und war gegangen und hat nie mehr von sich hören lassen. Verlieben ist nun kein Verbrechen, aber alles gestehen und die Treppe voll kotzen, da hatte er flüchten müssen auf Nimmerwiedersehen. Oder Schwächen, wem er seine Schwäche, seine tiefe und zu keiner Zeit je auszulotende Schwäche gestanden hatte, wem er davon ausführlich erzählt hatte im Trunk, sein ganzes Leben zu einem absolut erbärmlichen Leben heruntererzählt hatte, den musste er dann verlassen, schnell verlassen und nach Hause wanken, und hat sich auch bei dem nie mehr gemeldet. Auch das kam vor, dass er mit einem seiner Freunde nichts mehr zu tun haben wollte, weil der sich verändert hatte, ihn reizte und aufbrachte. Der jedenfalls und der, die wollte er dann eines Tages einfach nicht mehr sehen.

Wenn er irgendwann die Zuneigung einer Frau gefunden hätte, wenn er den Mut aufgebracht hätte, einer Frau, einem Mädchen, mit achtzehn einem Mädchen, in das er ungeheuer verliebt war, und das ihm auch sehr gewogen war, seine Zuneigung zu gestehen, wenn er das getan hätte, und sich also aus seinem Keller hinaus einem anderen Menschen hätte zuentwickeln müssen, dann vielleicht, denkt er, wäre dies und das so nicht passiert.

Es fehlt ihm einfach zu viel in seinem Leben: Freunde fehlen ihm, eine eigene Wohnung, der Mut, sein Examen voranzutreiben, fehlt ihm, und dass er endlich fortgeht und lebt ohne das Geld seiner Eltern, ohne den Keller seiner Eltern, ohne pünktlich zum Essen mittags und abends. Kraft fehlt ihm, die vor allem.

Einen Freund hat er noch, seinen letzten. Den pflegen, das ist wichtig, etwas angehen ist wichtig und weniger trinken, auch das.

Heute ist das ganz und gar nicht mehr so

Andrea

Und sie kann sich auch wirklich nicht beklagen, es fällt ihr alles in den Schoß seit einigen Jahren. So viel ist jetzt in nächster Reichweite. Sie wundert sich beinahe selbst, dass sie wie durch Butter geht seit einiger Zeit. Ihr Juraexamen, ihr Referendariat wird sie in ein paar Wochen abgeschlossen haben, dann steht ihr da schon die Welt offen. Und daneben ihre Inszenierungen, die Musik, Theater hinauf und hinunter, nochmal die Musik und so fort. Und natürlich ihre Altstimme, hoffentlich bleibt ihr die noch eine Weile. Dann kann sie nämlich singen und inszenieren, und einer Arbeit, einer hoffentlich prächtigen, nachgehen, kann sie dann auch. Mit all dem bewaffnet, was soll ihr da noch passieren in den nächsten Jahren? Wie gesagt, schon jetzt wie durch Butter, und es könnte sogar noch deutlich besser werden, glaubt sie. Ihr Freund ist auch so ein Wunderding, das ihr in den letzten Jahren passiert ist. Da lebt man so dahin und windet sich von einer Beziehung zur nächsten, nie ist irgendetwas dabei, das auch nur in Ansätzen glücklich macht. Nie ist da so ein Ankommen, wie es ja eigentlich zu wünschen wäre, und dann auf einmal er. Ihr Geheimnis jetzt seit über fünf Jahren. Die Eltern zum Beispiel wissen nichts von ihm. Und machen sich mittlerweile schon Sorgen um ihr Mädchen, das ja vor kurzem achtundzwanzig geworden ist, und immer noch ist kein Mann zum Heiraten in Sicht. Aber ihr Geheimnis mit ihnen zu teilen, das fällt ihr nicht ein, und auch sonst kaum jemand, der von ihm weiß. Sie leben, das ist das Erstaunliche und Schöne, ein relativ voneinander getrenntes Leben. Jeder arbeitet, hat seine Freunde, auch eine Affäre da und dort. Und doch ist da dieses Band zwischen ihnen. Er ganz Verlässlichkeit. Vergisst nie etwas, das ihr am Herzen liegt. Würde nie ein Treffen vergessen, nie eine Vorliebe, ruft immer schnellstmöglich zurück. Und das ist wirklich keine Selbstverständlichkeit, die meisten Männer sind nicht so, sind freundlich, mit verspielten Händen und Rehaugen, das durchaus einmal, aber verlässlich, das nicht.

Sie hat es selbst nicht bemerkt. Aber offenbar muss sie sich verändert haben in den letzten Jahren. Zuerst die glänzenden Aussichten und dann die Veränderung, oder umgekehrt, sie weiß es einfach nicht. Sie weiß nur, dass ihre früheren Klassenkameraden sie heute nicht mehr erkennen. Da muss also etwas anders geworden sein. Sie hat sich die Haare gefärbt, aber das kann es ja nicht sein. Sie ist sicher nicht mehr ganz so verschreckt wie früher. Sie weiß noch, wie überrascht, beglückt sie war, als sie, da war sie sechzehn, auf eine andere Schule wechselte, und sie da keiner mehr verprügelte. Sie ist eines dieser Mädchen gewesen, die von ihrem ersten Grundschuljahr an immer verprügelt wurden. Im Wesentlichen waren es ihre Kleider, die ihre Mutter selber nähte. Und dass sie sich für klassische Musik interessierte, Gesangsstunden nahm. Das reichte schon. Na ja, und vielleicht ein wenig schüchtern, zurückhaltend. Heute ist das ganz und gar nicht mehr so: Inszeniert sie, strotzt sie vor Selbstbewusstsein. Da redet ihr keiner irgendwo hinein. Sie hält alles am Laufen. Sie regiert regelrecht. Dann allerdings wieder das andere, dass sie sich schnell heraushält, wenn sie nichts Wesentliches zu sagen hat. Entweder laufen bei ihr alle Fäden zusammen, oder sie hält sich ganz zurück, schläft mit offenen Augen, lässt jede Gruppendiskussion über sich ergehen.

Sie ist einfach am besten, wenn sie die Dinge selbst in der Hand behalten kann. Das war schon immer so. Als sie klein war, hatte sie schon ihr eigenes Leben, ihre Eltern waren da weit außen vor. Eltern, denen sie das Wichtigste überhaupt war. Andersherum war das nie so, auch damals nicht, als sie noch klein war. Sie war schon immer sehr selbstständig, eigensinnig, auf Abstand bedacht, anders kennt sie sich nicht. Sie weiß noch, als ihr Bruder seinen ersten epileptischen Anfall hatte, die Eltern vor Angst und Sorge wie gelähmt, da war sie es, die den Notarzt rief, die Nummer heraussuchte, da war sie sieben. Jetzt bin ich erwachsen, hat sie damals gedacht, unter der Dankbarkeit der Eltern. Was meine Eltern können, kann ich schon lange. Und so ging das dann auch weiter. Sehr bald schon: »Wohin gehst du?« – »Fort.« Selten mehr zu den Eltern. Nicht trotzig, leise, fast sanft dieses »Fort«, und ging dann einfach.

Sie weiß, es ist nicht ganz leicht mit ihr, für ihre Eltern schon gar nicht. Aber so ist sie nun mal. Da wird sie sich wohl auch nicht mehr ändern. Sie wird immer ihr eigenes Leben führen, ihre eigene Wohnung haben. Die braucht sie. Und Kinder, natürlich schon deshalb nicht. Warum auch Kinder, wenn sie in dieser Hinsicht an ihren Freunden schon genug hat? Die wollen ja auch umkümmert sein. Ihre Jungs zum Beispiel, alle schwul. Und fühlen sich auf ihrem Sofa wie zu Hause. Wie oft passiert es, dass einer von ihnen mit Tränen in den Augen vor ihrer Tür steht, dann ist sie eine begnadete Trösterin. Sie weiß dann ja, was von ihr verlangt ist. Kinder dagegen lieber nicht.

Wie sich aufrecht halten, das denkt er manchmal. Ein Schicksalsschlag, eine Unerfreulichkeit, und schon ist er beschädigt, angegriffen, verkleinert. Dann gilt es, eine Rolle zu finden, in der so ein Unglück aufgehoben ist, dann sucht er nach einem Filmhelden, dem er sich da anschliessen kann: Humphrey Bogart etwa oder Bruce Willis in allen seinen Filmen, Clint Eastwood allein in der Weite des amerikanischen Westens. Helden, die nach so einem Schicksalsschlag immer noch tadellos auftreten, lakonisch und tadellos, ironisch und tadellos, eine Augenweide, das versucht er dann auch.

Die Zeit bei Sergej Eisenstein

Rubin

Jetzt sitzt er hier herum in dieser kleinen, etwas dunklen Wohnung und promoviert. So hatte er sich das ja eigentlich nicht vorgestellt, eigentlich hatte er ja Filme drehen wollen. Irgendetwas mit Film, hatte er immer gesagt. Und jetzt ist er durch die Bank abgelehnt worden. Hat überall seine Kurzfilme eingereicht, die er über die letzten Jahre gedreht hat, und keiner war offenbar überzeugend genug. Da hat er dann eben promovieren müssen. Irgendetwas ist dann ja zu tun. Er hat also um ein Promotionsstipendium nachgesucht, das ist ihm auch bewilligt worden, und hat die letzten drei Jahre damit verbracht. Die Zeit bei Sergej Eisenstein, das war sein Thema. Die Zeit als die Länge der Einstellungen, nur unter anderem natürlich, und die theoretischen Schriften Eisensteins dazu. Da ist bisher vieles übersehen worden, vieles sieht da nur, wer selbst schon Filme gemacht hat. Diese reinen Filmkritiker sehen so etwas ja nicht. Ein bisher ganz unbeachtet gebliebener Aspekt, den er da bearbeitet, dem er da nachgeforscht hat, und wie er findet, mit gutem Erfolg. Jetzt muss er nur noch seine Arbeit für die Veröffentlichung zurechtkürzen, damit die dann auch gelesen wird. Ein wenig Kenntnisnahme von Seiten der Kenner, das wünscht er sich nach diesen drei Jahren ja schon.

Und dann wird er promoviert sein. Dann kann er sich wieder umschauen und sehen, was er dann macht. Jobs im Filmbereich liegen ja leider nicht auf der Straße, und so eine Promotion bringt ihn da auch kaum weiter, eigentlich gar nicht. Jetzt muss er sich also wieder umsehen und wird vom Film ja nicht wegkommen, wie er sich kennt. Es ist ja nicht, dass er sonst nichts könnte, einiges gibt es da schon. Nur interessiert ihn nichts davon. Sein Vater zum Beispiel, wenn er dem zusieht, der ist Dozent für Altgriechisch an der Universität, und denkt tatsächlich nur über Sprachen nach, über Grammatisches. Der würde sich natürlich wünschen, dass auch sein Sohn so etwas täte, sich an Sprachen interessiert zeigte. Aber dem ist nicht so. Sein Vater, wenn der an einer roten Ampel steht, denkt ausschließlich über grammatische Strukturen nach: wo das Portugiesische sich dem Altgriechischen ähnlich zeigt zum Beispiel, er lernt so vor sich hin vor roten Ampeln italienische Idiome und vergleicht sie mit spanischen. Und sein Sohn tut nichts in dieser Zeit, der guckt nur herum, wenn er an einer Ampel steht oder in einer Schlange im Supermarkt. Die reine Verschwendung, so sieht der Vater das. Dabei, das ist es ja, der Sohn guckt nicht nur, der Sohn sieht Lichtreflexe auf Autodächern und fragt sich, wo jetzt die Kamera zu stehen hätte. Der Sohn sieht Leuten ins Gesicht und was sich da abspielt. Aber, na gut, weit gekommen ist er damit bisher nicht. Nicht so weit wie der Vater, mit seinem Altgriechisch, nicht so weit wie der Bruder, mit seiner Mathematik. Seit einigen Jahren ist der jetzt habilitiert. Und seine Mutter ist Filmkritikerin, Jugendfilme bespricht sie, von ihr rührt das alles vielleicht ja auch her. Dass er früher vor allen anderen ›Lucie, der Schrecken der Straße‹ und ›Die Märchenbraut‹ sehen durfte, die ganzen tschechischen Kinderfilme als Testpublikum. Wirklich schön war das damals und sehr spannend. Na und jetzt ist er immerhin promoviert, und es wird sich zeigen, wie sich das verwenden lässt. Wenn nicht und für gar nichts, wird er sich eben weiter für den Kurzfilm einsetzen. In seiner Freizeit am Kinoprogramm des Atlantis mittun, wie bisher auch.

Ihre Ecke des Zimmers

Lara

Es ist gar nicht so leicht, so leicht ist das gar nicht, sich einfach aus allem herauszuhalten und herauszulösen, immer sehr für sich zu sein, immer nur um sich herum allerhand aufzubauen und abzufeiern. Ihrer Mutter ist das nie recht gewesen, ihre Mutter hätte sehr viel lieber eine richtige kleine Tochter gehabt, eine mit Schleifchen im Haar und adrett. Aber so war sie nun einmal nicht, und es ging auch nicht. Ihr Bruder niedlich, blonde Locken, ein Mädchen. Ihr Bruder das Mädchen, sie nicht. Ein jüngerer Bruder, und mit dem allerhand anstellen, sich verstecken, Höhlen bauen, im Nachbarhaus, das leer steht, eine Kinderwelt einrichten. Ihre Welt, die ihres Bruders nicht, dass er manchmal auch Angst bekommt, dass sie ihm Angst macht und Schauriges erzählt von dieser Welt, in der sie jetzt und hier in diesem Haus, einer ganz anderen Welt, jetzt und hier leben. Ihr Bruder mag das, und dann auch wieder nicht. Er ist immer der Kleine, zu sagen hat er ihr nichts, bestimmen darf er gar nichts, aber er ist ihr Bruder, und sie liebt ihn sehr. Jetzt ist das nicht mehr so, leider. Sie hat zu ihm kaum noch, fast keinen Kontakt mehr. Er ist erwachsen geworden, ein Mann jetzt, ein richtiger Mann, wie ihr Vater.

Und dass sie sich immer gleich angezogen haben, sehr lange darauf bestanden haben, darum gebettelt haben und gewütet, mit heftigem Türschlagen, auf jeden Fall und immer genau gleich angezogen zu sein, Zwillinge zu sein, so wollte sie das, als sie ein Kind war. Und ihrer Mutter war es dann so wichtig auch wieder nicht, dass sie also nachgegeben hat.

Sie war kein kleines Mädchen, gar kein Mädchen, gar kein Kind, schon mit acht nicht mehr. Schon als sie acht Jahre alt war, hat sie ihrer Mutter und ihrer Großmutter allerhand erzählt, wie so ein Haushalt zu führen ist, dass zum Beispiel Ordnung und Sauberkeit sehr wichtige Sachen sind. Das hat sie ihrer Mutter erzählt, und auch da sind Türen heftig zugeschlagen worden. Sie hatte ihre Ecke im Zimmer, in dem Zimmer, das sie sich mit Mutter und Bruder geteilt hat. Ihre Ecke im Zimmer hat sie immer sehr sauber gehalten, ordentlich, und ihr Schrank war immer ihr Schrank und ihr Bett, ihr Bett, und es war dies ihre Ecke im Zimmer, das war ihr sehr wichtig. Ihre Mutter hat das nie recht verstanden, ihre Mutter und ihr Bruder, deren Betten eng beieinander standen, und die sich einen Schrank, wenn auch einen großen, teilten. So war sie, dass sie immer schon etwas für sich haben wollte, etwas Eigenes. Und ihre Mutter, nun gut, hat ihr Bett immer enger an das Bett des Sohnes, des Kleinen, geschoben, immer enger. Vielleicht hatte sie ja auch gleich und ganz von Anfang an ihr Bett so eng und vertraut an das des Sohnes geschoben, des Kleinen, und die Tochter drüben im Bett alleine, dass die dann ihr Bett und ihren Schrank zu ihrer Ecke erklärt hat, von da ab, vielleicht ja auch so.

Manchmal wäre sie gerne etwas freundlicher, zutraulicher, warm. So ist sie ja auch, dass sie Menschen sehr ins Herz schließt. Und dann wieder nicht, dann will sie ganz alleine sein und in ihrer Ecke des Zimmers ihre Dinge betreiben.

Als sie siebzehn ist, wohnt sie immer noch zu Hause, noch, aber sie hat jetzt ein eigenes Zimmer, nach dem Tod ihrer Großmutter, mit eigenem Eingang. Sie kocht und wäscht ganz alleine für sich. Sie arbeitet, um sich das alles leisten zu können. Sie fährt jeden Samstag, jeden Sonntag früh am Morgen nach Prag und arbeitet dort das ganze Wochenende über, damit sie sich das alles leisten kann, sich leisten kann, was sie will, und niemanden, ihre Mutter nicht, um irgendetwas bitten muss. So ist sie, und das gelingt ihr dann auch. Die Schule ist dabei kein Problem, eine Belastung ist das nicht. Vielmehr ist es ihr eine Erholung, schon früh am Morgen nach einer Stunde, zwei Stunden Fahrt in Prag zu sein, fort zu sein aus ihrer Stadt, einfach zwei Tage fort zu sein, das ist schon etwas. Danach geht sie auch wieder gerne zur Schule, macht es ihr kaum etwas aus, wieder zur Schule zu gehen. Sie ist da nicht wie alle zwischen ihren Klassenkameradinnen, aber sie sind auch nicht verfeindet mit ihr, und sie ist nicht verfeindet mit ihnen. Sie kann sich durchsetzen. Einmal wird sie zur Sprecherin ihres Jahrgangs gewählt, wenn auch nur kurz. Sie hat ein anderes und fremdes Leben irgendwo in Prag, das wird gewürdigt, das wird bewundert. Sie geht tanzen, sie weiß, was man drüben in Prag anzieht und trägt, darüber wird gesprochen. Die Mädchen auf ihrer Schule sind sehr Mädchen, gut gekleidet, brav, gebildet. Sie lästern, sie mokieren sich, aber ein wirkliches Problem ist das nicht. Sie kann sich sehr gut alleine beschäftigen. Sie treibt viel Sport, schon früh vor der Schule steht sie auf und geht in die Turnhalle, turnt an den Geräten, bis die Schule anfängt. Danach, nach der Schule, Joggen, Fahrrad fahren, Muskeltraining. Schön sein, das natürlich auch, für ihren Liebhaber, der sehr viel älter ist als sie, sehr, sehr viel älter. Aber das ist nicht das Wichtigste. Sie ist gerne in Bewegung, sie vertreibt sich auf diese Weise gerne die Zeit, sie kann sich unterhalten und braucht dazu niemanden.

Ich danke allen in diesem Buch Porträtierten.

Inhalt

Nadja Einzmann

Da kann ich nicht nein sagen

Geschichten von der Liebe

Band 15280

»Sie sitzt vor dem Telefon den ganzen Tag, einen lieben, langen Tag, denn das Warten auf eine Freude ist auch eine Freude, sagt er ihr.« Nadja Einzmann macht aus großen Gefühlen kleine Geschichten. Sie erzählt sie vehement und entschieden, in ängstlichem und in forschem Ton. Sie setzt sich Masken auf, die Einblicke ermöglichen. Ihre Figuren hoffen und verzweifeln, sie gehen auf Partys oder auf Reisen, denken an zukünftiges Glück oder an die Trennung, und sie begegnen doch überall nur der Frage, wie dies eine Leben gelebt werden müßte. Nadja Einzmann spielt und läßt sich doch ein. Sie erzählt von der Liebe als gäbe es nichts anderes.

Fischer Taschenbuch Verlag

fi 15280 / 1